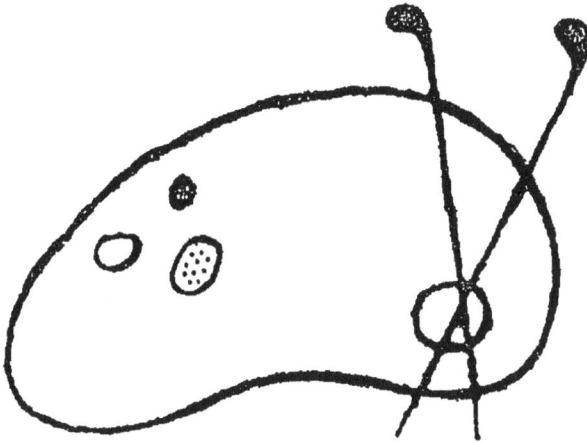

Début d'une série de documents
en couleur

BIBLIOTHÈQUE
DE PHILOSOPHIE CONTEMPORAINE

L'ESTHÉTIQUE

DU

PAYSAGE

PAR

FR. PAULHAN

AVEC 14 PLANCHES HORS TEXTE

PARIS

LIBRAIRIE FÉLIX ALCAN

108, BOULEVARD SAINT-GERMAIN, 108

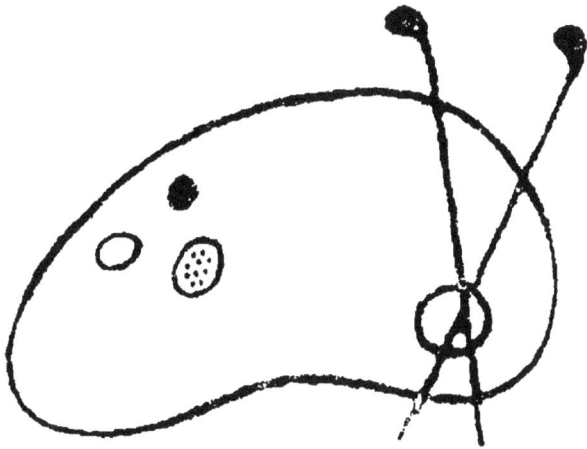

Fin d'une série de documents
en couleur

L'ESTHÉTIQUE

DU

PAYSAGE

LIBRAIRIE FÉLIX ALCAN

AUTRES OUVRAGES DE M. FR. PAULHAN

BIBLIOTHÈQUE DE PHILOSOPHIE CONTEMPORAINE

L'Activité mentale et les éléments de l'esprit. *2ᵉ édition, revue et corrigée.* 1 vol. in-8. . . . . 10 fr.
Les Caractères. 3ᵉ édition. 1 vol. in-8. . . . . 5 fr.
Les Types intellectuels; *esprits logiques et esprits faux,* 1 vol. in-8. . . . . *Nouvelle édition sous presse.*
Les Phénomènes affectifs et les Lois de leur apparition, 3ᵉ édition. 1 vol. in-16. . . . . 2 fr. 50
Psychologie de l'invention. 2ᵉ édition. 1 vol. in-16. . 2 fr. 50
La Fonction de la mémoire et le Souvenir affectif. 1 vol. in-16. . . . . 2 fr. 50
Les Mensonges du caractère. 1 vol. in-8. . . . . . . 5 fr. »
Le Mensonge de l'art. 1 vol. in-8. . . . . 5 fr. »
La Morale de l'ironie. 1 vol. in-16. . . . . 2 fr. 50
La Logique de la contradiction. 1 vol. in-16. . . . . 2 fr. 50
Analystes et Esprits synthétiques. 1 vol. in-16. . . . 2 fr. 50
Joseph de Maistre et sa philosophie. . . . . *Épuisé.*
Le Nouveau Mysticisme. 1 vol. in-16. . . . . 2 fr. 50

La Physiologie de l'esprit. 5ᵉ édition. 1 vol. in-32 de la *Bibliothèque utile* . . . . 0 fr. 60

La Volonté. 1 vol. in-18, 2ᵉ édition (O. Doin).

291-13. — Coulommiers Imp. PAUL BRODARD. — 6-13.

L'ESTHÉTIQUE

DU

PAYSAGE

PAR

FR. PAULHAN

AVEC 14 PLANCHES HORS TEXTE

PARIS
LIBRAIRIE FÉLIX ALCAN
108, BOULEVARD SAINT-GERMAIN, 108

—

1913

L'ESTHÉTIQUE
DU PAYSAGE

INTRODUCTION

Pourquoi existe-t-il des paysagistes? Pourquoi
s'intéresse-t-on à leurs œuvres? Et si d'ailleurs le
paysage a été plus aimé peut-être qu'honoré, si des
esthéticiens le tiennent encore pour un « genre
secondaire », faut-il accepter ce jugement ou le
reviser, et pourquoi? Le paysage nous pose une
série de questions intéressantes et auxquelles je
désirerais au moins esquisser ici une réponse.

Ce que je veux étudier, ce n'est pas l'origine de
l'art du paysage telle qu'elle a pu se produire au
cours de la vie de l'humanité, mais surtout sa fonction actuelle. Ces deux questions sont fort différentes, et il est fâcheux qu'on ne sache pas toujours
les distinguer. La première est intéressante par elle-
même, et son examen pourrait aider à résoudre
l'autre. Mais les solutions qu'on en peut avoir sont

hypothétiques, et, fussent-elles précises et sûres, elles ne sauraient suffire à nous faire comprendre l'art d'aujourd'hui. Inversement la seconde pourrait être résolue indépendamment de la première, mais elle peut aider à comprendre celle-ci, à tâcher de la résoudre, et même à la poser avec précision.

C'est ce qu'on ne fait pas toujours, et il me paraît qu'un malentendu se glisse souvent dans la recherche des origines de l'art. Si, comme on le suppose volontiers aujourd'hui, les gens de l'époque magdalénienne qui figuraient des rennes sur les parois de leurs cavernes voulaient, par cette sorte d'opération magique, s'en assurer ou s'en faciliter la capture, ils n'étaient pas, à proprement parler, des artistes. Ils n'ont commencé à l'être que lorsqu'ils ont eu plaisir à contempler leur œuvre en elle-même et pour elle-même, sans souci de ses conséquences utiles. Leurs tentatives peuvent expliquer l'origine de certaines formes que l'art a conquises, elles nous font comprendre la matière de l'art plutôt qu'elles n'expliquent l'art lui-même. L'art est essentiellement la création d'un monde imaginaire et fictif, plus ou moins semblable au monde réel (car la musique même, si elle n'imite point en général le monde extérieur, ressemble à une âme) et qui peut plus ou moins influer aussi sur lui, mais dont le caractère distinctif est d'être irréel. Il remplace pour un moment le monde vrai auquel il nous enlève, il sert à notre rêve et non, directement au moins, à la vie pratique. Ainsi je croirais bien mieux trouver l'origine propre de l'art chez l'homme qui ayant manqué sa proie, ramène, le soir venu, sa pensée vers le moment où il aurait pu, avec plus d'adresse ou de chance, saisir le gibier, et imagine les événements transformés, la capture de la bête, la joie du succès. L'homme qui dessine un animal simplement parce qu'il s'imagine le prendre ainsi plus aisément n'est pas plus artiste que celui qui ramasse une pierre pour tuer un oiseau ou qui prie Dieu pour obtenir qu'il pleuve. Il agit en homme pratique ou en homme religieux. Seulement il emploie, pour un but utile, un procédé qui servira plus tard à un usage esthétique.

Par là, sa tentative peut intéresser l'histoire de l'art, comme elle intéresse l'histoire de la religion ou celle de la technologie. Et d'ailleurs la religion, l'art et l'industrie peuvent être ici assez étroitement liés. Ils n'ont pas cessé de l'être, et la même œuvre peut servir à plusieurs fonctions dans la vie des individus et de la société. Nos sentiments s'unissent souvent ou se succèdent autour d'un même sujet. Une Sainte Famille peut intéresser aussi bien un artiste incrédule, qu'un dévot qui n'est pas du tout artiste. Et il peut exister des peintres ou des sculpteurs dont les tableaux ou les statues sont en somme pour eux des produits industriels tout autant que des œuvres d'art. Il est même indispensable à tous ceux qui ne peuvent vivre sans tirer quelque profit de leur travail de s'inquiéter tour à tour des valeurs différentes de l'œuvre. Mais ce n'est pas une raison pour ne les point distinguer.

Aujourd'hui, la « religion de l'art », la « magie de l'art », ne sont plus guère pour nous que des expressions métaphoriques. Et si l'on y veut trouver un sens profond, cela ne rapprochera pas beaucoup, semble-t-il, l'art moderne des pratiques de ses lointains prédécesseurs. Quand nous regardons le *Village de Sin-le-Noble* de Corot, ou l'*Espace* de Chintreuil, le *Champ de tulipes à Sassenheim*, de Claude Monet, la *Brume* de Cottet, ou le *Soir de Septembre* de Pointelin, nous ne songeons nullement à faciliter une acquisition de terrain, pas plus que n'y songeait l'artiste, et notre émotion n'a rien de proprement religieux. Il reste à nous demander pourquoi nous nous plaisons à cette contemplation et quel genre de place elle occupe dans la vie. J'ai tâché de définir ailleurs la fonction de l'art en général[1], je voudrais étudier ici la fonction de l'art du paysage, et indiquer comment il l'a remplie.

1. Dans *le Mensonge de l'Art.*

PREMIÈRE PARTIE

LE SENS ET LA VALEUR DU PAYSAGE

CHAPITRE PREMIER

LE PAYSAGE COMME PORTRAIT
DE LA NATURE

Une raison très simple, facile à trouver, facile à
critiquer, justifie immédiatement, aux yeux de ceux
que les subtilités inquiètent, la peinture de paysage.
Nous aimons le paysage parce que nous aimons la
nature et que le paysage en est le portrait.

Cela ne saurait suffire. Il se peut que des amateurs
de paysages peints restent assez indifférents devant
la nature. Il en est d'autres, et ils peuvent aimer la
nature, qui savent bon gré à la réalité de reproduire
les tableaux. Ils disent volontiers — Charles Blanc
l'a noté dans son *Histoire des peintres*, et chacun en
peut faire l'expérience — devant un clair de lune :
« Ah! voilà un Van der Neer », ou sous un bois de
pins : « C'est tout à fait un Dauchez ». En revanche,
les amants de la vraie campagne peuvent parfaitement mépriser les pâles imitations des peintres. Et

de même un ami de l'armée n'est pas positivement
obligé à admirer un tableau de G. Régamey.

Aussi bien un site qui nous intéresse vivement
dans un tableau peut nous laisser très froid dans la
réalité. Et si Pascal en conclut à la vanité de la
peinture, c'est que peut-être, pour cette fois, il juge
avec trop de simplicité. En retour, un site admirable
peut se fixer fidèlement dans un tableau qui ne
retiendra pas notre regard. En tout cas le plaisir
donné par le paysage en pâtes colorées n'est aucu-
nement proportionnel à celui que donnerait le
même paysage en rochers, en terre, et en vrais
arbres. Mais surtout nous ne recevons pas communément de l'un et de l'autre le même genre de plaisir. Les motifs de Chintreuil ou de Daubigny sont
souvent à peu près quelconques, ceux de Pointelin,
qui par le sujet se ressemblent assez souvent tout
en nous donnant des impressions bien diverses,
n'ont rien qui frappe, si ce n'est la façon dont ils
sont rendus et l'âme que le peintre en dégage. Et
ceux de Sisley, de Pissarro, de Claude Monet ne
valent guère que par l'art. En revanche les splendeurs de la Suisse n'ont parfois inspiré que des
tableaux qu'on aime autant ne pas regarder. L'idée
qu'un paysage doit être intéressant par lui-même,
par des qualités éminentes et particulières, pour
mériter d'inspirer un artiste, est aujourd'hui bien
abandonnée.

Aussi faut-il prendre garde d'aller trop loin dans
ce sens et de proclamer l'indifférence en matière de

sujet. Il faut bien dire qu'une part — une part seulement — de notre plaisir devant un paysage tient étroitement au plaisir que nous donne le paysage naturel. Si nous n'aimions pas du tout la nature, il est à croire que, sauf exceptions probablement explicables, nous n'aimerions guère sa ressemblance. Un paysage ne nous intéresserait ni plus, ni autrement qu'une nature morte. L'habileté technique du peintre s'y incarnerait de la même manière. La peinture d'un chaudron peut nous captiver comme un chef-d'œuvre de métier. Il est très rare que la nature morte dépasse ce niveau. Chardin seul peut-être a pu intéresser l'âme avec un flacon de vin et une brioche. Si donc je dis qu'une large échappée sur la mer, la plaine ou la forêt nous attire plus par elle-même qu'un melon sur une assiette ou quelques cornichons dans un bocal, j'espère que l'on m'entendra. La nature a des qualités qui font d'un côté que nous l'aimons, de l'autre que l'artiste y trouve une haute matière d'art, mais le fait que nous l'aimons la désigne déjà au peintre et lui assure notre complicité.

*
* *

Cet amour de l'homme pour la nature est chose complexe, changeante et variable. Il y a mille manières d'aimer la nature et il y en a beaucoup aussi de ne pas l'aimer. Si nous essayons de débrouiller ce chaos d'impressions, nous pouvons

discerner dans un amas assez confus quelques
formes générales de sentiments un peu plus nettes,
un peu plus précises, plus importantes aussi, et qui
peuvent servir à grouper les individus.

Chacun aime la nature à sa façon,. selon ses
facultés et ses goûts, selon les circonstances de sa
vie. Il s'en .faut que cet amour soit constamment
d'ordre esthétique. L'art ne tient pas toute la vie.
Mais il n'y a guère de vie où quelques instants
de contemplation à demi inconsciente, de rêverie
désintéressée, obscure et vague, ne viennent inter-
rompre l'activité pratique, un peu lassée, ou qui
s'arrête hésitante. Dans les moments de repos, de
fatigue, de découragement, de trouble, apparaît parfois une ébauche confuse d'art et d'émotion esthétique. Un souvenir se dégage des profondeurs indis-
tinctes de la vie passée, une image s'évoque on ne
sait comment, vient séduire l'esprit sans provoquer immédiatement le travail créateur, et disparaît
ensuite, un sentiment de bien-être contemplatif se
glisse dans l'être [1]. Et c'est l'attitude artiste qui
s'ébauche.

Les villageois, les paysans, ceux qui ne viennent
pas aux champs en villégiature, mais qui y vivent
leur vie, travaillent le sol, font en quelque sorte
partie de la nature, n'en parleraient peut-être pas

---

1. C'est ce qu'expriment les vers de Musset :

> Lorsque dans le sillon l'oiseau chante à l'aurore
> Le laboureur s'arrête, et, le front en sueur,
> Aspire dans l'air pur un souffle de bonheur.

souvent en esthéticiens. Ils l'aiment pourtant. Ils
l'aiment d'un amour peu désintéressé, comme on
aime ce qui nous fait vivre, ce qui donne un fond
commun et une forme semblable à presque toutes
nos pensées, à presque tous nos sentiments, à nos
actes mêmes et à nos perceptions, ce qui est pour
nous une occasion permanente d'agir et de croire,
d'espérer et de craindre, de jouir et de souffrir, d'un
amour analogue à celui dont on aime, sans toujours
bien s'en rendre compte, sa famille et ses compa-
triotes. Tous ces êtres avec qui l'on vit, dont on vit
et qui vivent de nous, on les aime parfois en s'imagi-
nant qu'on leur reste indifférent ou même qu'on les
hait. Et c'est surtout quand cet amour est contrarié
qu'il se révèle. Il est des hommes à qui la transplan-
tation est odieuse, gens des plaines qui étouffent
dans les montagnes, gens de la mer à qui la terre
est un exil. Il n'est pas toujours difficile de démêler
quelque impression esthétique, quelque sentiment
de la beauté dans l'amour du paysan pour la terre.
Il admirera une récolte abondante, une luzerne verte
et vigoureuse, une charrette de foin bien chargée.
Autre chose germe en lui que le désir du gain ou
l'espoir du profit. Les biens qu'il admire ne lui
appartiennent pas toujours. Le sentiment esthétique
existe déjà, encore qu'il n'arrive pas à se dégager
complètement et à vivre de sa vie propre. Et sans
doute il ne s'élève pas à une forme d'art bien émi-
nente; cependant il nous révèle au moins comment
peut naître une matière d'art. Il n'est pas tout à fait

1.

inutile, pour apprécier un paysage peint, d'avoir aimé les champs et d'y avoir assez longuement vécu, de s'être plu aux parfums légers d'avril, et aux fortes senteurs de la vigne en juillet, d'avoir aspiré les émanations des lavandes et des thyms froissés par les souliers à clous, d'avoir frémi au souffle de l'aurore et de s'être attardé dans les crépuscules, d'avoir goûté la fraîcheur des sources cachées, d'avoir aimé l'âpreté des champs incultes et les tons chauds des blés mûrs, les larges horizons ouverts des plaines et la barrière mystérieuse des montagnes. Et je ne suis pas sûr que certaines impressions esthétiques ne seraient pas enrichies et renforcées par le maniement des affaires agricoles et les soucis du cultivateur.

Sans doute on peut aimer l'art du paysage sans tant de préparation. On l'aime autrement, avec, sur certains points, une moindre richesse d'impression et d'évocation qu'on peut compenser par ailleurs. Une œuvre d'art suggère plus qu'elle ne reproduit, mais la suggestion ne dépend pas seulement de l'artiste qui incarna sa pensée dans l'œuvre, elle ne dépend pas seulement de l'œuvre elle-même, ni des deux réunis. Elle dépend aussi du spectateur. Chacun de nous met dans ses impressions, comme dans ses amours et dans ses haines, et dans ses perceptions même, quelque chose de sa personnalité tout entière. Ses plus diverses, ses plus lointaines expériences s'y peuvent refléter avec plus ou moins de netteté, car elles ont contribué à donner

leur allure propre à son intelligence et à sa sensibilité.

Ainsi aimons-nous d'un amour particulier les lieux
où nous avons vécu et ceux qui, par quelque côté,
nous les rappellent, même si nous les avons volontairement abandonnés ; leur image reste en nous et
se prête toujours aux jeux du souvenir, de l'imagination et du sentiment. Elle s'y prête même d'autant
mieux qu'elle s'est écartée de notre vie active et pratique, qu'elle ne froisse plus bien vivement aucun
de nos désirs. L'éloignement a pu développer ses
qualités de matière d'art, mieux disposée à entrer
dans la vie esthétique parce qu'elle est sortie de la
vie réelle.

L'amour des lieux que nous connaissons et où
nous avons vécu nous intéresse aussi aux pays
étrangers qui ressemblent aux nôtres, comme
l'égoïsme et l'amour de la famille peuvent conduire
à l'amour de l'humanité. Aussi peut-on prendre
plaisir à la vue directe ou à la représentation de
sites bien divers dont la diversité même nous plaît
parce qu'elle s'ajoute à quelque ressemblance fonda-
mentale qui peut diminuer, s'amincir de plus en
plus. Le contraste nous charme autant que l'identité, il pique notre curiosité, et la variété des pays
flatte en nous la variété de nos sentiments, mais
c'est encore par la ressemblance que nous comprenons le contraste et que nous en sentons l'agrément.

Le besoin d'art qui correspond à toute cette caté-

gorie de sentiments peut se satisfaire à peu de
frais. L'amour d'un pays, le désir d'en voir une
image fidèle, le plaisir du voyage dans un fauteuil,
n'oxigent point, pour s'animer, l'intervention du
génie. Ruysdaël ni Rousseau n'ont à se mêler de
nous donner des satisfactions de ce genre. Un photo-
graphe y suffit, et des cartes postales illustrées con-
viennent fort bien à cette tâche. Bien plus, Ruysdaël
ou Rousseau nous gêneraient peut-être. Le paysage
qu'ils nous offriraient pourrait trop exprimer leur
âme et ne pas s'accorder aussi bien avec la nôtre.
Un paysage que nous avons vu, interprété par un
tempérament différent du nôtre, nous pouvons ne
pas le reconnaître, sinon par les yeux, du moins par
le cœur. C'est une sorte d'étranger qui prend la
place d'un ami. Il y a assez souvent quelque chose
qui me froisse, ou tout au moins me gêne, dans
le paysage qui reproduit un site, un monument, un
genre de nature qui m'est familier.

En tout ceci il ne s'agit guère que des rudiments
de l'émotion artistique, tout au plus de ses formes
les plus simples. Les plaisirs que je viens de rappeler peuvent être cependant une part — la moins
haute peut-être et la moins rare — de cette émotion. Ils s'y rattachent étroitement. Il y a infiniment plus, il y a bien autre chose aussi dans un
paysage de Corot que dans une carte postale illus-
trée, mais dans la joie que nous donne celui-là, il
se retrouve aussi, à quelque degré, le plaisir que
nous devons à celle-ci. Il y est mêlé à bien d'autres,

transformé, compliqué, méconnaissable peut-être
au premier abord, mais encore, cependant, essentiellement le même.

*
* *

Ce n'est pas seulement la peinture de paysage qui
nous invite à de semblables remarques. Un portrait
aussi nous intéresse parfois parce qu'il remet sous
nos yeux la personne représentée. Mais quand nous
sommes uniquement touchés par la vue d'un visage
aimé, nous sommes à peine dans l'art, si l'on peut
soutenir que nous y sommes.

Pareillement on a plaisir à voir les traits des gens
dont le public s'occupe, et les journaux travaillent
chaque jour à satisfaire leurs lecteurs en les reproduisant. De même on s'arrête devant un tableau
d'histoire si le sujet excite la curiosité ou la sympathie, devant un tableau de genre s'il parle à la
sensibilité commune. Et pareillement en littérature,
le lecteur aime à retrouver des types connus, des
situations prises dans la vie réelle, même des façons
de parler familières.

L'homme aime à retrouver dans l'art des événements semblables à ceux qu'il connaît, et qui
peuvent l'émouvoir exactement, ou presque, comme
le ferait un événement réel. Cela est si vrai que les
impressions de ce genre sont pour l'art une cause
fréquente d'avilissement. Il est des peintres, des
écrivains, artistes de mérite parfois, qui ont spéculé

sur la sensibilité du public devant des scènes réelles, sur son goût pour les faits divers attendrissants ou tragiques. Ils arrivent à plaire aux gens qui n'aiment ni l'art ni la littérature. S'ils ont du talent, ils peuvent aussi l'utiliser sérieusement pour des œuvres de ce genre et charmer par là même les amateurs plus exigeants. Mais ceux-ci sont parfois un peu inquiets et savent mauvais gré à l'artiste d'avoir introduit dans son œuvre une certaine équivoque, de faire appel à la fois au sens esthétique et à la sensibilité la plus ordinaire.

Quand on recommande aux peintres et aux littérateurs de se rapprocher de la nature, ce qu'on leur conseille aussi, c'est de faire appel à ce dernier genre d'intérêt. Ce n'est pas ici le lieu de faire la théorie du naturalisme dans l'art, si tentant que cela puisse être. Mais il faut bien dire que le genre d'intérêt qu'une reproduction exacte de la nature donne à une œuvre est en général d'ordre inférieur et peu esthétique. Le naturalisme offre à l'artiste d'immenses ressources et l'expose à de grands dangers. Il lui permet de se faire comprendre aisément, il lui donne une matière solide et sûre, il le dirige et le soutient. Il lui est si utile que l'artiste ne saurait s'en passer et que même l'idéalisme le plus élevé et la rêverie la plus folle sont bien obligés de prendre la nature pour soutien. Il tend à rendre l'artiste puissant, équilibré, sain, solide. Mais en même temps il tend à le rabaisser. Si l'artiste choisit dans la nature, sans l'altérer, ce qui touche notre sensibilité d'homme, l'imitation du réel le pousse peu à peu hors de l'art. Elle en fait un amuseur, un prédicateur, un apologiste de la vertu et du vice, selon le choix déterminé par ses goûts. Si, comme cela fut à la mode, il ne choisit pas, ou feint de ne pas choisir, s'il prend une tranche indifférente de vie humaine ou sociale, alors il ne se sauve guère de la bassesse, quand il a ce bonheur, que par l'excellence du métier, ou bien par un pessimisme retenu, mais hautain, âpre ou dédaigneux. Voyez, par exemple, en ce qu'ils ont de naturaliste, — car on peut aimer chez certains d'entre eux d'autres qualités, — les maîtres hollandais, Chardin, Bonvin ou Courbet, et aussi Zola, Maupassant et Flaubert.

L'idéalisme inversement, dans les belles œuvres qu'il a provoquées, a parfois prévalu contre une certaine faiblesse de la technique, ou tout au moins contre des défaillances accidentelles, ou des défauts que peuvent compenser aussi, par ailleurs, jusqu'à un certain point, quelques qualités d'exécution. Vous pouvez examiner de ce point de vue Vigny, — à qui d'ailleurs l'inspiration donne souvent une belle facture qui ne se soutient pas assez, — ou Villiers de l'Isle-Adam, Puvis de Chavannes, et peut-être aussi à certains égards Gustave Moreau, si curieuse toujours et si belle souvent que soit en elle-même sa technique. Je ne parle pas ici des formes basses de l'idéalisme, par lesquelles un romancier par exemple se console de son mauvais style en présentant des héros plus forts qu'Hercule ou

plus amoureux que Tristan. Mais la tendance à
substituer les produits de l'imagination aux données
de l'observation a toujours ce vice de tendre à
affaiblir la force de l'œuvre, à la rendre moins propre
à pénétrer l'âme du spectateur et à s'imposer à lui.
Et il faut bien ajouter pour fixer la portée de ce
que j'ai dit et de ce que j'aurai encore à dire à propos
de l'interprétation nécessaire à l'art, que si l'artiste
doit s'écarter de la nature, il est peut-être excellent
pour lui de croire qu'il ne doit pas s'en éloigner
d'un pas. Un parti pris de fantaisie et de création
libre peut devenir un danger, un germe de faiblesse
ou d'extravagance.

Nous ne nous sommes pas encore avancés très
loin dans l'esthétique du paysage. Mais il fallait bien
montrer d'abord une base solide de ce mode de l'art.
Et il est probable que les sentiments communs dont
j'ai parlé ont eu leur action dans sa naissance et
dans son développement. On a, par exemple, proposé
d'expliquer par un désir du duc de Berry privé de
la vue de ses châteaux et souhaitant de jouir au
moins de leur image, une première apparition, assez
éphémère, du paysage réaliste dans l'art français[1].
Je n'ai pas à prendre parti pour ou contre cette
hypothèse, mais le fait qu'elle puisse, sinon s'imposer, au moins se proposer avec quelque vraisemblance, est assez significatif.

1. Voir Henri Bouchot : *Le paysage chez les primitifs*, dans :
Histoire du paysage en France.

*
* *

Au-dessus de ce plaisir d'ordre vital, en quelque sorte, que nous devons au paysage naturel ou peint, il y en a d'autres, différents et plus proprement esthétiques.

Et tout d'abord, il y a ce plaisir qui dérive directement du premier, et qui est causé, non point par la présence de la nature, mais par sa représentation, ou par son retour après une absence prolongée. Il se mêle au précédent, mais il s'en distingue. Et avec lui nous entrons un peu plus dans l'art, car c'est toujours une tendance contrariée qui provoque l'attitude artiste, et j'ai dû faire remarquer déjà le relief que donne à un sentiment une contrariété, une rupture d'habitude sans laquelle il peut passer inaperçu.

Si l'amour de la campagne envahit lentement ceux qui y passent leur vie, l'amour pour la campagne de ceux qui n'y vivent pas assez, s'il est moins profond peut-être, a de plus vives apparences. Il est la revanche des organismes fatigués, des cerveaux surmenés par le travail à la ville. Avec quelle fougue les citadins se ruent aux champs lorsqu'un jour de repos le leur permet, on le voit aux gares et aux embarcadères de bateaux, les jours de fête, ou en trouvant dans les journaux, le lendemain, le chiffre des voyageurs que des trains multipliés ont conduits par troupeaux vers l'air, la lumière et les arbres.

Il y a un amour des champs qui correspond à un développement excessif de la vie urbaine. Nous sommes serrés dans une vie sociale qui nous entasse, nous parque, nous classe, nous dirige et nous surveille. Nous respirons mal, l'exercice que nous prenons est trop rare, ou il est excessif, et, presque en tout cas, peu agréable, fait dans de mauvaises conditions. Nous avons besoin de repos et de fatigue à la fois, d'un autre repos et d'une autre fatigue. Surtout nous avons besoin de nous dépayser, d'échapper aux soins, aux soucis, aux préoccupations quotidiennes, de vivre d'une vie différente et momentanée, et ceci est la condition même de l'art.

> Mais la nature est là qui t'invite et qui t'aime,

et nous savons bien qu'elle ne nous aime ni ne nous invite, mais nous le croyons tout de même, ou nous agissons tout comme, et cela s'équivaut à peu près. C'est en elle, avec elle, pour elle que nous nous débarrassons le mieux de nos ennuis et de nos plaisirs mêmes, que nous avons l'impression trompeuse et vive d'une vie libre et franche où notre personnalité froissée, blessée, repliée sur elle-même, ira se reprendre et s'épanouir.

C'est ainsi que toujours les gens des villes ont vanté le bonheur des travailleurs des champs, qu'ils ne voudraient d'ailleurs imiter à aucun prix. Mais de temps en temps il surgit en eux une âme de campagnard, éphémère et passionnée.

*
* *

Ce n'est pas seulement la fatigue physique, le surmenage du labeur quotidien qui nous ramène vers
la nature. C'est toute la vie sociale sous ses mille
formes. Et la concentration dans les villes, en l'acti-
vant, en la facilitant, laisse plus d'intensité au désir
du retour; l'éloignement des champs aussi les rend
plus désirables, les pare d'illusions. Mais ceux
mêmes qui habitent la campagne peuvent presque
aussi bien, en certains cas, être pris du désir de
s'isoler avec la nature, de s'écarter de la maison où
ils habitent, et par conséquent où ils travaillent et
souffrent parfois, où ils appartiennent toujours plus
ou moins à la société.

C'est que la société, qui est nécessaire à notre vie, est
contrarie cette vie. C'est que, même dans les conditions les plus favorables, nos sentiments, nos désirs,
nos tendances sont toujours froissés par quelque
endroit, blessés, méconnus. Des causes générales, des
causes particulières entravent toujours à quelque
degré le libre développement de notre activité. Et
souvent les êtres sensitifs, ceux qui sont prédisposés
à devenir, sous une forme ou sous une autre, des
artistes, sont plus malheureux du froissement d'un
de leurs désirs qu'ils ne sont heureux de la satisfaction suffisante de beaucoup d'autres. Il résulte de là,
au bout de quelque temps, une sorte de fatigue
sociale, assez analogue à la fatigue d'un travail
imposé, une sorte de surmenage moral, ou, dans

d'autres cas, une blessure plus nette et une souffrance aiguë. Et c'est souvent cette fatigue sociale,
ce surmenage moral, cette souffrance vive ou
sourde, qui inspirent toutes ces idées, si puissantes
parfois, de retour à la vie champêtre, de la vie naturelle du campagnard, opposée à la vie artificielle du
citadin, de la beauté de la nature opposée à la perversité de l'homme. La nature est ainsi devenue,
pour les modernes, pour les incrédules, quelque
chose comme un équivalent du cloître. C'est l'endroit
de la paix. C'est l'endroit où l'âme se recueille,
s'épure, s'élève librement. Et l'homme déçu aspire à
vivre aux champs comme une sorte d'ermite, moins
assujetti sans doute à certains commandements
qu'inspirait la religion.

Voyez l'appel de Vigny, au début de la *Maison du
berger* (il ne fait pas absolument prévoir la déclara-
tion de haine à la nature que nous retrouverons
tout à l'heure).

> Si ton âme, enchaînée ainsi que l'est mon âme,
> Lasse de son boulet et de son pain amer,
> Sur sa galère en deuil laisse tomber la rame,
> Penche sa tête pâle et pleure sur la mer,
> Et, cherchant dans les flots une route inconnue,
> Y voit, en frissonnant, sur son épaule nue
> La lettre sociale écrite avec le fer;
> . . . .
> Pars courageusement, laisse toutes les villes;
> Ne ternis plus tes pieds aux ronces du chemin,
> Du haut de nos pensers vois les cités serviles
> Comme les rocs fatals de l'esclavage humain.
> Les grands bois et les champs sont de vastes asiles,
> Libres comme la mer autour des sombres îles.
> Marche à travers les champs une fleur à la main.

Rappelez-vous encore le *Midi* de Leconte de Lisle. Ici ce n'est même plus le repos conscient ou un calme bonheur que la nature nous offre, c'est une sorte d'anéantissement, de nirvana, mais c'est toujours la délivrance du monde, des liens sociaux, de tout ce qui nous accable et pèse sur nous :

Homme, si, le cœur plein de joie ou d'amertume,
Tu passais vers midi dans les champs radieux,
Fuis! La nature est vide et le soleil consume :
Rien n'est vivant ici, rien n'est triste ou joyeux.

Mais si, désabusé des larmes et du rire,
Altéré de l'oubli de ce monde agité,
Tu veux, ne sachant plus pardonner ou maudire,
Goûter une suprème et morne volupté;

Viens! Le soleil te parle en paroles sublimes;
Dans sa flamme implacable absorbe-toi sans fin;
Et retourne à pas lents vers les cités infimes,
Le cœur sept fois trempé dans le néant divin.

Nous voici maintenant bien loin de l'employé de magasin qui va simplement flâner le dimanche à la campagne et dîner dans quelque guinguette. Et pourtant nous n'avons pas dévié. C'est la même route à des étapes différentes. Et il convenait d'en montrer des points éloignés, pour qu'on en pût entrevoir la direction et la longueur.

*
* *

Cette réaction des tendances refoulées par la vie urbaine, et par la vie sociale surtout qui l'a créée et qu'elle développe, c'est, quand les circonstances le permettent, la condition même de l'attitude artiste, de la vie esthétique, de la création de l'œuvre d'art et de la compréhension, de l'amour de cette œuvre. Si l'art est par son essence, comme j'ai voulu le montrer ailleurs, la création d'un monde fictif où s'ébattent les désirs que la vie réelle comprime, il y a déjà quelque chose comme une tentative d'art dans l'exode accidentel ou périodique des citadins vers les banlieues, comme dans tous les jeux qui interrompent un travail trop prolongé.

La vie qu'ils vont mener un jour est une sorte de jeu aussi, elle n'est pas la vie réelle, elle est une création voulue et factice. Elle est une sorte de représentation théâtrale qu'ils se donnent à eux-mêmes, où ils sont à la fois acteurs et spectateurs. On va jouer un jour à la vie champêtre, à la vie libre et joyeuse. On se répand dans les bois comme d'autres, le même jour, s'enferment dans des salles de spectacle ou de concert, et pour le même motif général, pour donner quelque joie aux désirs que comprime la vie. Ces désirs varient d'un esprit à l'autre, et c'est pourquoi les uns se pressent devant les guichets des gares et d'autres devant ceux des théâtres ; dans un même esprit ils ne peuvent se satisfaire tous à la fois, c'est pourquoi le même homme emploiera ses loisirs tantôt à la campagne et tantôt au théâtre.

Au fond cet amour de la nature, celui que sentent ou que prêchent les trop civilisés, est souvent un amour de l'artificiel. Les tendances qui protestent en eux seraient incapables de diriger réellement la vie et se satisfont suffisamment, chez la plupart des hommes, de parades et de manifestations plus ou moins sincères. Ils jouent avec la campagne comme les enfants avec des sabres et des fusils.

Aussi voyons-nous l'amour de la vie champêtre aboutir parfois à de singulières œuvres d'art, où la civilisation triomphe encore plus que la nature. Le petit Trianon avec son hameau, ses arbres, ses pièces d'eau, ravissante contrefaçon de la campagne, révèle assez bien le leurre. Les bergers, les bergères enrubannées du xviiᵉ siècle, les paysans sensibles et les paysannes vertueuses indiquent nettement ce caractère romanesque et bien artificiel du goût à la mode, comme aussi de nos jours, à un degré bien inférieur de l'échelle, les bosquets des cafés ou des restaurants. Plus tard on s'en est beaucoup moqué au nom du naturalisme et de la vérité. Ils auraient en effet mérité bien des critiques s'ils avaient eu quelque prétention à être des documents; ils n'en ont pas moins un charme très appréciable de finesse et de grâce en tant qu'œuvres d'art. Les paysans de Balzac et de Zola ont d'autres mérites, ils n'ont sans doute pas la vertu de nous faire une nature aimable, et répondent à de tout autres sentiments qu'au besoin de réaction contre une vie fatigante et autrement artificielle que le décor qui la remplace pour un moment.

Pareillement les parcs de Watteau où des causeurs élégants et raffinés, nonchalants et sceptiques, étalent la joie des satins et la liberté des déguisements, nous

présentent une nature artificielle et charmante où
se combinent les attraits d'une société choisie et la
délivrance des soins de la ville ou de la cour. Mais
nous sommes bien avertis qu'il s'agit d'un jeu. Ces
arbres si harmonieux, si doux, si nobles dans les
rougeurs du couchant, dans la vapeur légère qui
monte des prés et de l'eau, ces arbres sont le décor
d'un rêve exquis. Et les personnages ne s'y trompent
guère, leur air désabusé où la passion s'ébauche à
peine et tourne à l'indifférence nous avertit qu'ils ne
sont pas dupes du jeu.

Plus tard on préféra être dupe. Rousseau prit les
choses au sérieux, et bien d'autres à sa suite. La
nature vraie fut en honneur, et l'amour en fut sincère chez beaucoup, de cette sincérité, bien souvent,
qui n'engage à rien et n'exige pas un changement
considérable de l'existence. Cela, d'ailleurs, combiné
avec l'industrialisme naissant et la centralisation
progressive, n'a guère abouti qu'à peupler de plus
en plus les villes au détriment des campagnes. Et ce
devint un lieu commun, que l'agriculture manquait
de bras. Sans doute on a, d'autre part, multiplié les
villégiatures. Mais la villégiature c'est précisément
la campagne utilisée par une attitude artiste, la campagne de récréation et de jeu. Et combien de gens
ne comprennent encore la mer ou les champs qu'avec
des casinos, des jeux de petits-chevaux ou de rou-
lette, des représentations théâtrales, des bals, des
courses, des matches variés, des concours d'aéro-
planes, et d'autres distractions fort civilisées! Tout

cela complète et achève de caractériser le sentiment
de la nature chez beaucoup de citadins.

*
* *

Ainsi l'amour des champs se rattache étroitement
par certains côtés aux conditions de la vie sociale.
Plus la vie sociale sera intense, centralisée, concentrée dans quelques grandes villes, plus une réaction
dans le sens indiqué aura chance de se produire.

Elle en aura encore plus de raisons, à mesure que
les froissements y seront plus nombreux et plus
graves, la vie plus pénible et plus rude, les récréations plus rares et plus difficiles, l'air plus déprimant, à condition que la pression sociale, toutefois,
ne suffise pas à ôter à l'esprit la force et les moyens
de réagir. Une double série de besoins moraux et de
besoins physiques tend à inspirer le désir des larges
horizons, des arbres, des champs solitaires où l'on
peut à l'aise respirer, courir et rêver.

Elle sera facilitée encore par tout ce qui tend à
rendre le lien social pénible et à le faire moins
solide, par le manque d'union, par la séparation
morale, l'absence de croyances communes, de sentiments forts et dominants, éprouvés, capables de
se soumettre l'homme par la force et aussi par le
respect. Il y a des raisons pour que les époques de
crise et de dissolution, les époques où les pouvoirs
organisés restent oppresseurs et ne sont plus aimés,

et n'inspirent plus la confiance, voient se développer le fait du « retour à la nature ».

Enfin il faut aussi tenir compte de l'influence possible dans un sens ou dans l'autre de certaines habitudes sociales, des croyances philosophiques et religieuses. La nature peut être méprisée, tenue en suspicion comme une cause de tentation pour l'homme, l'amour des choses créées blâmé comme un larcin fait au créateur. D'autre part il est possible d'aimer la nature comme une création divine où l'on retrouve, avec saint François d'Assise, des frères et des sœurs. Une doctrine comme le panthéisme peut encore nous porter à adorer, dans les grands aspects de la nature, des manifestations grandioses ou attendries de la divinité. Le triomphe d'une conception industrielle, économique, de la vie humaine, s'il peut préparer par réaction un retour aux joies champêtres, incline aussi directement à ne considérer les forces naturelles que comme des facteurs possibles de la fortune humaine. Même l'agriculture peut prendre une forme essentiellement industrielle, et l'on a quelquefois dans les champs bien cultivés une impression d'atelier ou d'usine. Toutes ces actions varient beaucoup selon les temps, les milieux et les individus. Les dispositions personnelles de chacun de nous ne doivent jamais être oubliées, non plus que la diversité des courants sociaux et les conditions d'existence, et elles introduisent une variété infinie dans les sentiments des hommes à une même époque et dans un même pays.

Il est impossible, en pareille matière, d'établir des lois générales èt précises. On ne peut guère qu'indi-quer quelques tendances qui s'affirment avec plus de force et d'ampleur à certaines époques. Les influences qui s'exercent sur l'homme sont trop complexes, trop fuyantes, trop mobiles, trop nom-breuses, trop cachées, trop diverses, les hommes qui les subissent et réagissent plus ou moins sont eux-mêmes trop différents pour que l'ensemble des faits prenne un aspect régulier et simple. Et puis, quand on s'occupe de l'art, il faut toujours tenir compte du génie qui naît quand il peut, où il peut, et comme au hasard.

Quoi qu'on en ait dit, il me paraît assez vraisem-blable qu'on ait toujours aimé la nature. Du moins ce sentiment a dû toujours réjouir ou consoler quelques hommes. Qu'on l'ait aimée de manières très différentes, cela ne fait pas doute, mais, en somme, c'est ce que l'on continue à faire. Les preuves données pour établir que l'amour de la nature est un sentiment moderne sont peu convaincantes. Tout au plus a-t-on établi qu'on ne l'aimait pas autrefois comme nous l'aimons et qu'on n'y aimait pas les mêmes choses. Que le président de Brosses ait trouvé les Alpes effrayantes et horribles, cela ne prouve pas qu'il n'ait pas su se plaire aux coteaux de la Bourgogne, peut-être même cela tendrait-il à prouver le contraire. Et je crois bien qu'un certain nombre d'honnêtes gens seraient encore de son avis, mais peut-être n'oseraient-ils pas le dire. De tout

temps, je pense, les habitants des villes ont su goûter
l'ombrage des forêts et la fraîcheur d'une source.
Mais il y a des époques où l'amour de la nature est
plus rare, plus clairsemé, où surtout il ne se systéma-
tise pas en une sorte de doctrine ou de culte, où la
nature ne s'enorgueillit pas d'une initiale majuscule.
Même en ces temps-là on fut très sensible aux plaisirs des champs. Cela paraît fort bien dans notre
XVIIᵉ siècle [1]. Boileau même doit à la nature au moins
un joli vers, plus poétique qu'il n'avait l'habitude
d'en faire. Mais ce n'était point alors la mode d'étaler
une sensibilité rustique, et l'on avait d'autres pensées.

Ce qui appartient surtout aux modernes, c'est sans
doute le culte d'une nature étrangère à la société
humaine, d'une nature infinie, grandiose et formidable, et l'admiration des « horreurs sublimes ».
Nous en venons à aimer la nature pour ce qu'elle a
d'étranger et par suite d'hostile à l'homme, pour ce
que des gens paisibles et satisfaits trouveraient en
elle d'effroyable et de repoussant. C'est souvent alors
que nous l'aimons contre la société, mais si nous
avons développé ce sentiment depuis un peu plus
d'un siècle, nous ne l'avons pas inventé. Il est assez
vraisemblable qu'on a toujours senti plus ou moins
distinctement l'harmonie de certains lieux sauvages
ou déserts avec les sentiments de l'homme violemment froissé par la vie et la société. Tous ceux qui

1. M. Faguet rappelait tout récemment, pour la combattre,
dans ses conférences sur La Fontaine, la légende qui privait les
littérateurs du XVIIᵉ siècle de tout sentiment de la nature.

ont fui le monde ont dû en avoir l'impression instinc-
tive. Seulement, en aimant les solitudes, peut-être
n'allaient-ils pas toujours jusqu'à les trouver belles,
et l'esthétique n'était pas leur plus grand souci. On
trouve l'indication d'un sentiment analogue dans un
badinage galant de Racine, qu'il envoyait d'Uzès à
sa cousine, Mlle Vitart :

> J'irai parmi les oliviers
> Les chènes verts et les figuiers
> Chercher quelque remède à mon inquiétude.
> Je chercherai la solitude,
> Et, ne pouvant être avec vous,
> Les lieux les plus affreux me seront les plus doux.

Il semble que deux genres de civilisation soient
défavorables à l'amour systématisé, au sentiment
philosophique ou mystique de la nature. Ce sont
les civilisations classiques, celles où domine l'huma-
nisme, d'une part, et d'autre part les civilisations
bien coordonnées, celles où prospère quelque grande
conception de la vie, celles qui sont amenées pour
un temps à s'unifier, à se condenser dans une
forme régulière et précise, politique ou religieuse
plus ou moins stable, sans doute, mais qui peut
prendre pour un temps les apparences de l'éternité,
bien que toutes celles qu'on a connues jusqu'ici
n'aient pu vivre longtemps sans se transformer et
sans se dissoudre.

Ainsi la Grèce et Rome, le XIIIᵉ siècle unifié par le
catholicisme dans les peuples chrétiens, le XVᵉ et le
XVIᵉ siècles italiens, bien troublés mais où l'huma-

2.

nisme refleurit, le xvii⁰ siècle français où la forme
politique de la France atteint sa complète organisation, où la langue et la littérature s'épanouissent en
des formes riches et précises, ont présenté, semble-
t-il, les conditions les plus défavorables au développement, à la cristallisation de l'amour de la nature,
et par conséquent au triomphe du paysage pur dans
la littérature et dans l'art. La Hollande au xvii⁰ siècle,
ayant reconquis son indépendance, échappée à la
domination latine, hostile à l'influence latine, s'offrait
plus visiblement. Et parmi ceux de ses artistes qui
ne connurent pas les séductions de l'Italie et de son
art ou qui surent leur résister, un art nouveau se
créa, on fit, selon le mot que rappelle Fromentin, le
portrait du pays, hommes, animaux, dunes et pâtu-
rages et une école toujours admirée de paysagistes
put se former.

Mais surtout la dissolution des croyances religieuses, la dissolution menaçante des anciennes
croyances politiques, et des vieilles habitudes
sociales, le développement, puis l'exaspération de la
vie urbaine, du commerce, de l'industrie, le dis-
crédit, passager et superficiel d'ailleurs, de tout ce
qui était classique, l'esprit d'indépendance et l'individualisme, le culte de l'originalité, la vie scientifique même et un désir croissant d'observation,
d'analyse et de précision, le besoin aussi, plus ou
moins avoué, de remplacer les grandes synthèses
écroulées, voilà un groupe de faits dominants qui
désignaient particulièrement la fin de notre

xviiie siècle et surtout notre xixe siècle pour une
éclosion rapide et brillante de l'amour et presque
de l'adoration de la nature. Tous ces facteurs n'agis-
saient pas de la même manière ni sur les mêmes
individus. Mais leurs actions aux formes multiples,
indéfiniment ramifiées, compliquées et enchevê-
trées, ont pu contribuer plus ou moins directement
au même résultat. Des âmes troublées et troublantes, comme Rousseau et Chateaubriand, don-
nèrent ou élargirent l'excitation. D'autres génies se
trouvèrent là, une grande école de paysage naquit,
se divisa, se transforma, provoqua des imitations et
des réactions, et la peinture des champs fut et reste
encore une des gloires de l'école française.

*
* *

La nature a toute une clientèle d'hommes mécon-
tents de la société. Ils aiment les champs comme
d'autres aiment les bêtes, faute de pouvoir aimer
les hommes ou d'en être assez aimés. Elle a aussi
ses amis qui l'aiment pour elle-même et non contre
quelque autre réalité. Seulement ce sont généralement ceux que leur sauvagerie naturelle, le goût de
l'indépendance relative, la fatigue de l'âge suffit,
avec l'attrait des joies spéciales de la nature, à
détourner de la vie urbaine sans qu'ils aient peut-
être souffert beaucoup de ses excès et de ses défauts.
Ils ne sont guère adaptés à la vie actuelle dans les
grandes agglomérations d'hommes, à la vie d'af-

faires fiévreuses et de plaisirs essoufflés ouverte
par tant de progrès. Ils s'en sont spontanément et
préventivement détournés, peut-être même sans la
bien connaître et la bien comprendre. En somme ils
ne diffèrent des autres qu'en ce qu'ils s'en sont
dégoûtés et écartés avant de l'avoir vécue et qu'ils
ne sauraient y revenir.

Mais, dans tous les cas, ce que l'on constate c'est
bien un défaut, une discordance dans les rapports de
l'individu et de son milieu et, spécialement, de son
milieu social. Toute forme de l'art naît de tendances
quelquefois puissantes que la réalité ne satisfait pas.
Et il semble que l'art, qui prend pour objet la nature
et souvent la nature en tant qu'opposée à la vie
actuelle, soit dû particulièrement au heurt des tendances individuelles et des tendances sociales.

L'individu et la société ne peuvent ni se passer
l'un de l'autre, ni s'accorder pleinement. Le trouble
qui en résulte forcément, car ils sont comme deux
mauvais époux immortels dans un pays où le divorce
est impossible, a donné naissance à bien des formes
curieuses et importantes de la mentalité humaine[1].
Il semble que la peinture de paysage et, plus généralement, l'amour de la nature comme on l'a compris depuis plus d'un siècle, en soit aussi une expression singulière et d'ailleurs normale. Peut-être ne
peut-il se généraliser que s'il se trouve des génies
et des talents pour lui donner une forme splendide

1. Voir, pour un des côtés de cette question, ma *Morale de
l'Ironie.*

ou émouvante, susciter des imitateurs, l'imposer
aux esprits dirigeants, aux artistes, et directement
ou indirectement au public. Des artistes comme
Corot, Th. Rousseau, Millet, Chintreuil, et tant
d'autres, des écrivains comme Chateaubriand,
George Sand, Lamartine et Musset même, et même
Hugo — qui pourtant fut bien plus un homme
« social » qu'un homme « de la nature », — ont aidé
puissamment, chacun selon sa force et ses moyens,
à créer, à répandre, à insinuer dans les âmes à
grandir ou à grossir, à raffiner, à varier, à préciser
aussi ce goût de la nature.

Sans eux, sans Bernardin de Saint-Pierre, sans
Rousseau, le grand ancêtre, et sans quelques autres,
que se serait-il passé? On ne sait pas. La vie aurait
pris un autre cours peut-être, le mécontentement,
l'oppression, la fatigue auraient provoqué d'autres
réactions. Et cela eût dépendu des génies ou des
talents que d'insaisissables combinaisons d'atomes
auraient produits. En d'autres conditions cela aurait
pu être un retour à la religion, une explosion plus
violente d'anarchisme, un besoin de simplifier la vie
et de la rendre meilleure, un mouvement d'idées
comme celui que provoqua Ruskin en Angleterre,
ou un mouvement différent comme celui que
Tolstoï décida du fond de sa retraite, peut-être
aussi des tentatives plus fortes et mieux réussies
d'organisation du travail. Il reste possible que
l'amour de la nature ait contribué à nous éviter
des expériences fâcheuses, et peut-être nous a-t-il

aidés à nous priver de certains biens. On ne peut rien affirmer.

*
* *

Des exemples concrets nous laisseraient entrevoir comment les idées arrivent à se constituer, ou se dérobent on ne sait trop pourquoi. Ils nous montreraient ce qu'il y a de contingent, en un sens compatible, semble-t-il, avec toute la rigueur du déterminisme, dans la formation des sentiments et des opinions.

Le cas de Vigny est intéressant. Ses idées générales sur le monde et sur l'homme — sur la femme aussi, — son pessimisme, son stoïcisme hautain, son détachement du Dieu des chrétiens combiné avec une sorte de mysticisme, d'idéalisme actif et profond, pouvaient, je dirais volontiers : devaient faire de lui un « amant de la nature ». Et l'on croirait qu'il a failli le devenir. Tout le début de la *Maison du berger* donne cette impression. J'en ai rappelé deux strophes tout à l'heure, elles sont assez significatives, et l'on en peut citer d'autres, où se dessinent aussi cet amour pour la nature et une sorte de sympathie réciproque entre la nature et l'homme.

La Nature t'attend dans un silence austère
. . . .
                         sur les pâles ondes
Le saule a suspendu ses chastes reposoirs.

Le crépuscule ami s'endort dans la vallée
Sur l'herbe d'émeraude et sur l'or du gazon,
Sous les timides joncs de la source isolée
Et sous le bois rêveur qui tremble à l'horizon.

Mais le mouvement s'arrête et le sentiment avorte. Vigny est un sensitif et un penseur, et il sent et il sait que la Nature ne l'aime pas, quoi qu'on en ait dit. Et lui, ce n'est pas surtout la Nature qu'il veut aimer, ou s'il l'aime c'est comme le lieu de l'amour humain, celui où il va conduire Éva, il l'aimera pour elle et par elle :

> Que m'importe le jour? que m'importe le monde?
> Je dirai qu'ils sont beaux quand tes yeux l'auront dit.
>
> Viens donc! le ciel pour moi n'est plus qu'une auréole
> Qui t'entoure d'azur, t'éclaire et te défend;
> La montagne est ton temple....

Mais ce n'est pas assez. Et cette nature qui servait de cadre gracieux à la femme, devient maintenant une ennemie. C'est qu'au fond il la sait bien différente de nous, elle vit d'une vie qui n'est pas la nôtre, différente, donc indifférente, ou plutôt différente, donc hostile. Et c'est ainsi qu'il ne pense plus seulement à Éva, sa vision s'élargit, et la femme fait place à l'humanité entière; l'humanité passe dans la nature sans la toucher, sans l'émouvoir, son apparition et sa fin restent des choses presque ignorées d'elle.

> Elle me dit : Je suis l'impassible théâtre
> Que ne peut ébranler le pied de ses acteurs.
>
> Je roule avec dédain, sans voir et sans entendre
> A côté des fourmis les populations...
>
> On me dit une mère et je suis une tombe,
> Mon hiver prend vos morts comme son hécatombe,
> Mon printemps ne sent pas vos adorations.

Alors le poète se révolte. L'hostilité de l'homme l'avait jeté vers la nature, l'indifférence de la nature le rejette vers l'homme. Il sent sa solidarité avec ceux qui souffrent comme lui et que Dieu d'une part (*Le mont des oliviers*), la nature de l'autre abandonnent et ne veulent même pas connaître. Et c'est de la haine pour la nature qui lui emplit le cœur en même temps que de la pitié et de la sympathie pour ses frères en douleur.

> C'est là ce que me dit sa voix triste et superbe,
> Et dans mon cœur alors je la hais...
>
> Et je dis à mes yeux qui lui trouvaient des charmes :
> « Ailleurs tous nos regards, ailleurs toutes nos larmes,
> Aimez ce que jamais on ne verra deux fois. »
>
> Vivez, froide nature...
> Plus que tout votre règne et que ses splendeurs vaines,
> J'aime la majesté des souffrances humaines ;
> Vous ne recevrez pas un cri d'amour de moi.

Et, malgré tout, il y a encore une sorte de retour vers la fin de la pièce. Si Vigny repousse la nature divinisée, personnifiée, en une sorte de déesse étrangère et impassible, c'est dans la nature encore qu'il trouve le repos et le calme, et on le sent revenir, bien qu'il la juge « ingrate », à quelque tendresse pour elle :

> Viens du paisible seuil de la maison roulante
> Voir ceux qui sont passés et ceux qui passeront.
> Tous les tableaux humains qu'un Esprit pur m'apporte
> S'animeront pour toi quand, devant notre porte,
> Les grands pays muets longuement s'étendront.

Leconte de Lisle, qui fut aussi un pessimiste

dédaigneux, n'a parlé, autant qu'il m'en souvient, de la nature qu'avec respect et sympathie, et l'a décrite avec complaisance. Sa gloire n'est pas là d'ailleurs. Mais cela donne une idée de ce qu'aurait pu devenir la pensée de Vigny si elle avait été, à un moment donné, aiguillée sur une autre voie. Il va de soi que je ne parle ici que d'une orientation de l'esprit, non du genre de talent extrêmement différent de l'un à l'autre.

Pendant que Vigny se faisait ainsi une conception d'une Nature impitoyable et étrangère, d'autres au contraire revenaient à cette vieille idée de la nature bonne et accueillante à l'homme, sorte de providence laïcisée. Il suffit d'ailleurs ici de signaler ces conceptions diverses pour indiquer comment la nature peut intéresser l'homme. Il y trouve des conditions essentielles de sa vie, il y trouve aussi des obstacles. Alors, selon les circonstances, selon son tempérament, selon la nature et la portée de son intelligence, il la transforme en une sorte de divinité favorable, hostile ou indifférente, il l'adore ou la déteste.

Mais il est encore des hommes qui, au lieu d'aimer la nature pour sa signification métaphysique, l'aiment d'une sorte d'amour sensuel, pour les joies qu'elle apporte à tous leurs sens, pour sa beauté, son éclat, ses richesses et ses parfums. Il en est qui sont ainsi attirés vers la nature plus qu'ils ne sont repoussés par les hommes, et s'ils abandonnent quelque peu ceux-ci, ils ne le font pas exprès. Et ceux-là nous intéressent peut-être plus directement. Ils ne paraissent aller vers la nature que poussés par une vocation d'artiste très spéciale, attirés par sa physionomie si nuancée et si changeante, si puissante aussi. Corot, par exemple, caractère équilibré, plutôt joyeux, point mécontent en somme, semble-t-il, des hommes ni de la vie. Il ne s'absorba pas dans la nature, d'ailleurs, resta humain : « C'est beau, disait-il un jour devant un site splendide au soleil couchant, mais saint Vincent de Paul est beau aussi, très beau, très beau! » Et pourtant à sa mort l'amour qui avait conduit sa vie le ressaisissait encore. Épuisé, agité, « il tenait ses doigts placés autour de pinceaux imaginaires et murmurait d'une voix saccadée, hachée par la fièvre : « Vois-tu comme c'est beau! Je n'ai jamais vu « d'aussi admirables paysages[1]! » Courbet, enchanté de lui-même, vulgaire et puissant, aima la nature en peintre, et en poète aussi, d'un amour sensuel, à la fois subtil et brutal, surtout la nature de son pays. Quand il sortit de prison, après l'affaire de la Commune, comme un journaliste le visitait, il lui dit qu'il voudrait « prendre la terre des champs à poignées, la flairer, la baiser, la mordre, donner des tapes sur le ventre des arbres, jeter des pierres dans les trous d'eau, barboter à même le ruisseau, *manger*, *dévorer la nature*[2] ». Et Corot et Courbet et bien d'autres ont aimé la nature en peintres, mais ils

1. L. Roger-Milès, *Corot*.
2. Édouard Sarradin, *Le paysage dans l'œuvre de Courbet*, dans *Histoire du paysage en France*.

paraissent bien aussi l'avoir aimée, à leur façon, en
poètes. Et nous pouvons voir, avec eux, ce que nous
montrerait l'étude de toute personnalité un peu
forte, la variété des combinaisons mentales qui
peuvent produire un sentiment comme celui que
nous désignons par ces mots : l'amour de la nature,
et aussi la variété des formes que ce sentiment peut
prendre et combien l'identité des mots recouvre de
différences dans les réalités.

* *
* *

Si donc l'amour de la nature et tout l'art qui se
forme sur lui contient — comme d'ailleurs tout ce
qui est bon — des éléments dangereux, ou suspects,
il ne faut pas s'exagérer le péril. Assurément l'amour
de la nature révèle une discordance entre l'individu
et la société, il est une revanche du moi, et généralement une manifestation de l'individualisme irré-
ductible que la société combat, limite, utilise sans
le pouvoir détruire, une révolte du moi individuel
contre le moi social. Mais l'individu et la société
sont occupés sans cesse à profiter de leur mieux;
chacun de ce que l'autre fait contre lui. L'individu
a pu utiliser à son profit la morale et la religion qui
sont d'origine et d'essence sociales et d'autre part
la société s'est servie, pour son plus grand bien, de
l'art qui est d'essence et d'origine individualistes.

Et si l'art du paysage trouve peut-être son origine
et en tout cas certaines de ses conditions d'existence

dans un désaccord social, il est aussi favorisé par bien d'autres causes générales, individuelles ou sociales, qui ne se rattachent pas étroitement à ce désaccord ou même s'y opposent avec netteté. Il y a d'abord l'admiration des lignes, des couleurs, et de leur infinie variété et de leurs innombrables combinaisons, des spectacles de la nature considérés en eux-mêmes et pour eux-mêmes. Il y a encore l'influence des amis, des groupes, des milieux; l'amour des champs, l'amour de la peinture de paysage peut devenir une sorte de lien entre les individus, bien mieux une sorte de snobisme, c'est-à-dire une chose éminemment sociale. Il est ainsi fortifié par des combinaisons collectives qu'il fortifie à son tour. S'il est provoqué parfois par des sympathies, il peut aussi les exalter; les admirateurs des mêmes sites et des mêmes œuvres d'art sont à la fois des rivaux et des amis. Il établit des solidarités entre les artistes, et aussi entre les artistes et le public; il retentit en mille manières dans la vie sociale, il y fait naître, y développe et y facilite bien des organisations partielles dont le détail serait trop long et assez inutile.

D'un côté il aide à l'expansion du sentiment individuel, au développement du lyrisme intérieur, comme l'a dit M. J. de Gaultier dans une très intéressante étude [1], en en donnant de valables raisons, auxquelles je crois seulement qu'on peut en ajouter

1. J. de Gaultier, *Le lyrisme intérieur et la peinture de paysage. M. Auguste Pointelin*. Mercure de France, 1er septembre 1912.

quelques autres, en comprenant autrement, à plusieurs égards, le rôle de la nature dans la vie mentale de l'humanité. Ce n'est pas là, pour la société même, un effet négligeable. Elle a le plus grand intérêt à ce que les individus qu'elle unit et qu'elle enserre trouvent en dehors d'elle quelques satisfactions personnelles qui leur rendent la vie douce ou tout au moins supportable. Il lui faut laisser à ses prisonniers quelques récréations, sur- veillées sans doute, pour qu'ils puissent reprendre leur travail. L'art sous toutes ses formes si variées, depuis la rêverie jusqu'aux symphonies et aux tableaux, est peut-être une sorte de soupape sans laquelle la chaudière sociale éclaterait sous la pres- sion des désirs inassouvis. D'un autre côté, par une contradiction inhérente à tout ce qui vit, l'art, et l'art du paysage comme les autres, unit les hommes en leur procurant, comme on l'a dit en y insistant trop, des perceptions, mais surtout des sentiments, des goûts semblables, en les faisant communier en quelque idéal dont le retentissement dans la vie pra- tique ne peut être calculé.

*
* *

Les raisons que nous avons d'aimer la nature peuvent déjà nous rendre précieux le tableau qui la remet sous nos yeux. C'est là un intérêt assez peu artistique, assez peu élevé, mais qu'il faut bien admettre comme réel.

En commençant ce travail je rappelais les origines
magiques que l'on donne à la peinture ou à la sculpture, ces animaux tracés sur les parois des antiques
cavernes, ces animaux désirés dont l'artiste espérait,
par son travail, se faciliter la capture.

Eh bien! l'art, quoi que j'en aie dit, ne s'est pas
séparé de la magie. Il peut plus que nous faciliter la
possession de ce qu'il représente, il nous l'assure.
Il nous donne la nature. Grâce à lui, nous pouvons
retenir dans nos tristes demeures, dans nos villes
sans air et souvent sans lumière, tous les rayonne-
ments du soleil et tous les souffles de l'air, les
ardeurs des midis et les splendeurs des soirs, les
mélancolies du crépuscule et les promesses de
l'aurore. Et toutes ces beautés si fugitives deviennent par lui éternelles. Le sourire de l'aube,
vite effacé dans la nature, charme sur un tableau
de longues générations.

L'art a cependant changé de nature depuis le
temps où il était l'auxiliaire hypothétique des chas-
seurs. S'il peut encore encourager l'industrie et le
commerce, c'est d'une autre manière. Il ne nous
assure plus l'utilité des choses. Il ne nous conserve
que le charme et la beauté, ces utilités supérieures
dont la magie se souciait peu.

Mais nous n'avons considéré l'art, jusqu'ici, que
comme reproduisant la nature et en fixant l'image.
Et c'est là la moins haute de ses fonctions, tout au
plus même pour lui un point de départ. Il s'y
restreint si peu que je ne pourrais citer le nom d'un

artiste vraiment artiste qui ait borné là sinon ses
prétentions, du moins son effort, car ceux mêmes
qui n'ont voulu que reproduire la nature l'ont, en un
sens, dépassée, d'un côté en lui imprimant la marque
personnelle de leur tempérament, de l'autre par leur
inspiration, par l'interprétation, par la poésie, par la
pensée que le génie de l'homme apporte à la nature
ou qu'il sait en dégager. Et c'est ce qu'il faut examiner maintenant.

CHAPITRE II

LES PROCÉDÉS DE L'ARTISTE
ET L'INTERPRÉTATION PICTURALE
DE LA NATURE

Un paysage n'est pas seulement le portrait d'un site, la reproduction de la nature. Il est cela, il est aussi autre chose, il est moins et il est plus.

Il est un portrait en ce sens qu'il ressemble toujours plus ou moins à la nature, comme les personnages d'un tableau d'histoire ou d'une peinture religieuse ressemblent toujours plus ou moins à des hommes ou à des femmes. Sans cela nous ne comprendrions rien, un tableau ne serait qu'un jeu de couleurs et de lignes.

Il est moins. Le peintre, pour nous rendre la nature, ne dispose que de moyens assez pauvres. Pour fixer sur une toile ou sur un panneau les mille nuances, les couleurs infiniment diverses de la nature, l'éclat aveuglant du soleil et la nuit sombre, le peintre ne dispose que de couleurs relativement ternes, souvent lourdes. Son tableau, qui ne saurait être éclairé directement par le soleil, qui n'est même pas fait pour rester en plein air, devra nous rendre, quand il sera plaqué contre un mur dans

une pièce toujours relativement sombre, parfois les
champs ensoleillés de l'été, parfois un crépuscule,
ou même une scène nocturne. De plus il faut que
ses couleurs éternellement fixées nous fassent saisir
la vie, le mouvement, la vibration continuelle de la
nature, l'agitation des vagues et le frémissement des
feuilles. Il faut qu'elles nous rendent la vie des couleurs réelles, leurs combinaisons et leurs réactions.
Il faut encore que l'artiste nous suggère les qualités
des choses qui ne sont point visibles, qu'il nous
fasse sentir la fraîcheur du matin, la fluidité de
l'eau, la dureté du roc, la fermeté du sol. Il peut
même aller plus loin encore et donner une âme à la
nature, exprimer avec ses pinceaux une conception
de la vie et une conception du monde.

Pour cela, il faut qu'il s'écarte souvent de la
nature. Il ne dispose pas des mêmes moyens qu'elle,
et s'il voulait l'imiter, il lui resterait déplorablement
inférieur. Supposez fixée avec ses lignes, son
modelé, ses valeurs, ses couleurs, l'image d'un site
tel que vous l'apercevez dans un miroir, supposez
que sa luminosité reste la même quand vous tiendrez
le miroir enfermé chez vous, vous aurez une reproduction avec laquelle aucun paysage peint ne pourra
lutter. Je ne parle même pas de la ressemblance
matérielle, mais de l'éclat, de la lumière, de la diversité des teintes et des traits, de la justesse des
couleurs. Et pourtant vous aurez peut-être avec ce
reflet éternisé un souvenir intéressant et précieux
d'une excursion, vous n'aurez pas un tableau, et

3.

aucun amateur ne prendrait votre reflet — sinon comme curiosité rare mais peu artistique — en échange d'un Rousseau ou d'un Corot. Le jardin même, avec ses vrais arbres, ses plantes réelles, ses eaux indubitables, ne devient une œuvre d'art qu'en s'écartant de la nature.

Le peintre suppléera donc par son habileté aux ressources qui lui manquent. Il ne rend jamais la nature, il n'en aura ni la puissance, ni l'inépuisable variété, ni la vie, ni le charme. S'il ne veut pas en rester à une distance vraiment humiliante, il lui faut s'écarter d'elle, et, par un autre chemin, la rejoindre, et parfois même la dépasser.

Les moyens qu'il emploie, il en est qui peuvent servir à tous les peintres, encore qu'il subsiste d'énormes inégalités entre eux selon la manière dont ils les emploient. Mais il en est, cependant, qui sont acquis, connus, qui sont des recettes de métier plutôt que des procédés artistiques. Si utiles, si nécessaires qu'ils soient, ils ne nous retiendront guère. Il faut par exemple qu'un peintre ait certaines notions précises sur les propriétés physiques et chimiques de ses couleurs ou tout au moins sur leurs résultats. Certaines couleurs, exposées à l'air, ternissent ou se transforment, — le bleu de Prusse, par exemple, a une fâcheuse réputation. Il en est qui sèchent mal ou pas du tout, comme le bitume, et employées inconsidérément compromettent l'éclat de la durée d'une œuvre. Il en est dont le mélange amène des réactions chimiques ruineuses pour la beauté de la peinture, par exemple le vermillon (sulfure de mercure) et le blanc d'argent (carbonate de plomb). Mais nous n'avons pas à insister sur ces considérations.

Pour rendre la nature, il faut que l'artiste, en un sens, truque et triche. Il faut qu'il mente, il faut qu'il crée des conventions et qu'il nous les fasse accepter. Quelques-unes de ces conventions sont générales, s'imposent à tous. Par exemple nous admettons forcément qu'un tableau ne nous rende pas la vision binoculaire des objets. Encore peut-elle y être parfois indiquée. Nous admettons encore en certains cas des déformations systématiques de la perspective. Véronèse, dans les *Noces de Cana*, Titien dans l'*Assomption de la Vierge*, et d'autres en ont usé. Nous admettons encore volontiers qu'une couleur très lumineuse signifie la pleine clarté du soleil. On a tâché de préciser le rapport qui peut exister entre la lumière solaire et le clair de lune dans le monde réel d'une part, dans la peinture de l'autre. La différence est énorme et Helmholtz a, dans des conférences célèbres, analysé les moyens employés par les peintres pour créer en nous l'illusion[1]. Au fait ils la produisent suffisamment et nous imposent assez bien leurs procédés. Et de même nous acceptons aussi, nous avons au moins accepté et nous ne rejetons jamais absolument les conven-

1. Helmholtz, *L'optique et la peinture.* Cf. Vibert, *La science de la peinture*, 62-63.

tions du dessin, la ligne enserrant une figure, la
ligne indiquant un modelé.

Il y a ainsi un fond de conventions nécessaires,
plus ou moins admises par les artistes et par le
public, qui se modifie parfois sans doute, mais ne
se détruit jamais, et qui souvent ne s'aperçoit même
pas. Tout art est conventionnel. Rien n'est plus
artificiel que de vouloir avec une toile, des pâtes
huileuses et des brosses, reproduire un paysage, si
ce n'est de vouloir le faire avec des mots. Et la différence entre ces deux reproductions, si grande soit-
elle, l'est bien moins qu'on ne le pense communément. Quand on renonce à quelques conventions,
c'est pour en prendre d'autres. Comme celles-ci sont
nouvelles, elles heurtent généralement le public qui,
habitué aux autres, les prenait pour l'expression
directe et pure de la vérité, et lui paraissent aussi
extravagantes qu'elles peuvent paraître naturelles
à l'artiste créateur, à la personnalité duquel elles
sont ajustées, et qui s'imagine souvent avoir enfin
pu rendre la nature telle qu'elle est. C'est un des
rôles du génie de transformer les vieilles conventions, et non point de les supprimer, mais de les
renouveler et, en en éliminant quelques-unes, d'en
créer de nouvelles. Et celles-ci vont s'imposer à
leur tour et feront loi jusqu'à ce qu'un nouveau
génie oriente l'art dans une nouvelle direction.

*
* *

Mais précisément tout artiste doit avoir du génie. De fait, un artiste en a toujours un peu, quoique souvent beaucoup moins que nous ne voudrions, et sans doute qu'il ne voudrait lui-même. Je veux dire que chacun exprime dans ses œuvres une personnalité qui ne ressemble absolument à aucune autre. Chacun innove un peu, du moins chacun emploie à sa manière les procédés communs.

Les conventions générales, les procédés employés par tous nous donnent une sorte d'interprétation de la nature proprement humaine. Si nous la précisons un peu plus, si nous considérons tel ou tel ensemble de procédés, nous obtenons l'interprétation de la nature par tel siècle et tel pays, une interprétation italienne, hollandaise, française, une interprétation du xve siècle, du xviie, ou du xixe, ou bien l'interprétation de telle école : une interprétation vénitienne ou florentine, romantique, néo-classique, ou impressionniste. Ces interprétations diffèrent assez entre elles d'un siècle à l'autre, ou d'une école à l'autre, et elles restent dans l'intérieur d'une école, d'un pays ou d'un siècle assez semblables à elles-mêmes pour qu'un amateur, même médiocrement exercé, puisse en bien des cas situer un tableau dans son école, dans son siècle, dans son pays. En poussant plus loin encore, nous reconnaissons que chaque artiste a son tempérament propre, ses procédés, ses cou-

leurs, son modelé, ses motifs préférés, une quantité
de caractéristiques individuelles, et nous distinguons,
dans une même école, dans un même temps, dans
un même pays, un Claude Monet d'un Sisley ou un
Th. Rousseau d'un Jules Dupré. Et c'est par toutes
ces interprétations qu'un paysage peint est beaucoup plus qu'une imitation de la nature.

C'est ainsi que chacun parle sa langue propre, se
sert de son style personnel et a ses mots favoris,
mais qu'il y a aussi une langue française et une
langue anglaise, un français du XVIIe siècle et un
français du XIXe, et, dans le même temps, le style du
naturalisme qui voisine avec le style du symbolisme.
Et nous ne confondons point pour cela le style des
Goncourt et celui de Zola, la manière de Coppée
avec celle de Leconte de Lisle. Et enfin il y a au-
dessous de tout cela des familles de langues, qui se
ressemblent plus entre elles qu'elles ne ressemblent
aux autres, comme les langues indo-européennes ou
les langues sémitiques, et aussi une linguistique
générale, et certaines conventions du langage
peuvent passer pour universelles.

Une explication très simple et fort inexacte, mais
séduisante sans doute puisque bien des gens l'ont
acceptée, ramène, en bien des cas au moins, la différence des manières à des différences de vision et
nous ferait retourner ainsi à l'imitation exacte. Tel
peintre voit bleu, tel autre voit jaune ou rouge, tel
voit partout des lignes nettes, tel autre voit d'une
manière plus vague et plus plane. Chacun peint

selon sa vue et ainsi s'expliquerait le coloris différent et, plus généralement, la manière, le rendu de
chaque artiste.

Cette explication, à la regarder d'un peu près, est
bien invraisemblable, on ne voit pas pourquoi
l'artiste ne verrait pas les couleurs de sa palette
selon la même interprétation que celles des autres
objets. Elle paraît supposer, assez singulièrement,
que les amateurs et le public voient communément
les couleurs et les formes d'une façon uniforme et
normale, mais que, parmi les artistes surtout, il y a
quelques vues anormales qui se révèlent par leur
faire personnel. Mais elle a contre elle des raisons
très fortes. Beaucoup d'artistes commencent par
peindre dans une gamme de couleurs, ou selon tels
procédés, et passent ensuite à d'autres. Faut-il
croire que leur vue s'est modifiée? Pissarro a débuté
par des paysages dans la manière de Corot ou de
Courbet, plus tard il a employé les procédés de l'impressionnisme, plus tard ceux du néo-impressionnisme, et il a changé encore vers la fin. Voyait-il
sombre d'abord, et sa vue s'est-elle égayée ensuite?
A-t-il vu la nature à une époque de sa vie sous forme
de raies et de taches multicolores? Je ne suppose
pas que personne le croie. Claude Monet, Lebourg
ont changé de tonalité, de facture. Faut-il supposer
que leur vision a changé ou qu'ils l'ont rendue autrement? Tel artiste contemporain peignait jadis des
toiles très foncées, dans des harmonies grises ou
brunes. Maintenant il répand les jaunes ardents, les

rouges intenses, les bleus vifs. A-t-il appris à
discerner les couleurs? Faut-il croire que les uns
voient la nature continue, tandis que pour d'autres
elle est un conglomérat de pains à cacheter ou de
virgules colorées et distinctes? En tout ceci il s'agit
évidemment de procédés pour rendre la nature en
l'interprétant, et non de visions différentes, mais
d'impressions, de pensées, de procédés, de techniques
variées. Il arrive aux peintres ce qui arrive aux littérateurs. Pour bien communiquer leur pensée, ils
croient devoir employer des moyens qui l'exagèrent,
parfois même la faussent un peu, et qui peut-être
parfois la créent, qui, au moins, la rendent plus
nette, plus forte, plus insinuante en la déformant.
Les procédés des peintres sont assez analogues aux
figures de rhétorique, ou plutôt à ces procédés de
rhétorique que tout le monde emploie instinctive-
ment ou par volonté.

D'ailleurs l'expérience a prononcé. Delbœuf, je
crois, avait pourvu un peintre de lunettes colorées,
et, l'ayant fait peindre, il avait obtenu des résultats
contraires à l'opinion répandue. Paul Bert aussi
expérimenta judicieusement. Un peintre aux yeux
couverts de verres colorés devait copier des taches
de couleurs diverses. Voyant les couleurs de sa
palette à travers les mêmes verres que les taches, il
reproduisit celles-ci assez exactement, avec un peu
plus de difficulté que d'ordinaire. Il se trompait surtout quand il avait à reproduire la couleur même de
ses verres dont les nuances étaient moins finement

appréciées ou la couleur complémentaire qui, naturellement, tournait au noir. Il semble donc qu'une anomalie de la vision telle qu'on la supposait produirait des effets tout autres que la prédominance de la couleur généralisée. Un peintre qui verrait rouge, par exemple, ne peindrait pas forcément tout en rouge, mais ne nuancerait pas très bien le rouge ni le vert[1].

Certes je suis persuadé que chacun de nous a sa manière personnelle de voir et aussi de ne pas voir. Mais cela ne se traduit pas comme on avait pu le croire. Et il existe aussi des anomalies de la vision. Elles peuvent être une gêne et Vibert raconte l'histoire d'un peintre daltonien qui, ne pouvant distinguer le vert du rouge, peignit une fois une figure académique de lutteur avec la couleur due aux épinards cuits. Il devint, paraît-il, un grand peintre tout de même, mais on ne dit pas qu'il ait apporté une nouvelle manière. Et il ne semble pas que des anomalies de la vision aient vraiment renouvelé l'art.

*
* *

Ce qui différencie les artistes plus que leur vision, c'est leur sensibilité, et surtout peut-être c'est la façon dont ils expriment non seulement ce qu'ils ont vu, mais ce qu'ils ont senti, ce qu'ils ont pensé à propos de ce qu'ils ont vu, la synthèse psychique qui

1. Voir le résumé des expériences de Paul Bert dans l'*Esthétique*, d'Eugène Véron, p. 272-274.

détermine et choisit les moyens d'expression et qui les englobe. Il peut arriver qu'un peintre, à force d'employer le même système de procédés, parvienne à se faire croire à lui-même qu'il voit vraiment, lui, la nature comme il la rend, mais il ne doit pas parvenir à nous le faire croire à nous, sauf peut-être en certains cas très spéciaux.

Je ne parlerai pas pour le moment des sentiments, des états d'âme, comme la tristesse, la douceur, l'hostilité, que le peintre peut faire transparaître en ses tableaux, ni des idées sur la nature, des idées exprimables en mots, qu'il peut également nous communiquer par son art. J'appelle seulement l'attention sur cette qualité nécessaire au peintre qui est d'interpréter la nature d'une manière personnelle par des taches de couleur posées sur le subjectile. Cette qualité très spéciale peut s'ennoblir par son association avec une haute pensée ou une sensibilité délicate, mais elle vaut par elle-même; un peintre ne peut se passer d'elle et elle suffit à faire un artiste.

Considérez d'une part un tableau de Diaz, par exemple, ou de Boudin, ou de Vollon, d'autre part regardez une œuvre de Ruysdaël, de Chintreuil, de Pointelin ou de Corot. Vous sentez bien dans ceux-ci quelque chose que vous chercheriez vainement dans les autres, l'émotion, la poésie pénétrante, mais vous sentez aussi que les autres sont de vrais artistes. Et si vous êtes amené à considérer, de ce point de vue, deux groupes de peintres, vous voyez que ceux du premier groupe peuvent, en certains cas, s'élever aussi haut que ceux du second s'ils ont des qualités techniques supérieures, ce qui peut arriver. Pour mon compte je prends au moins autant de plaisir à certains paysages de Chintreuil qu'aux plus brillants tableaux de Diaz, mais je sais que peu d'amateurs actuellement hésiteraient entre un Diaz et un Chintreuil et qu'un bien plus petit nombre encore choisirait celui-ci.

D'autre part regardez un Diaz, regardez un Hobbema, regardez un Boudin. Vous avez la vision de trois mondes différents, et dans chacun vous sentez l'œuvre d'une personnalité originale. Le peintre n'a pas seulement traduit la nature, il l'a créée par ses moyens personnels. Ici nous remarquons un dessin net, aigu, précis, un peu tourmenté parfois, une couleur sûre, honnête, là un éclat singulier, des rayons de soleil qui, perçant l'épaisseur des feuillages, viennent plaquer sur un tronc blanc et sèment sur les gazons de resplendissantes taches lumineuses. Chez l'autre, c'est une harmonie discrète de noir et de gris, de couleurs un peu assourdies, relevées par quelques touches de rouge ou de vert, avec un ciel compliqué, nuancé, où les tons se fondent et s'opposent, où les jeux de la lumière dans les nuages sont sûrement et finement écrits, sans recherche excessive et sans effet violent, qui domine l'ensemble où une singulière entente des valeurs dispose chaque chose à son plan.

Ce sont là des manières très différentes de rendre

la nature, ou plutôt ce sont trois natures différentes
créées par trois artistes qui ne se ressemblent guère.
Et ces natures n'ont peut-être pas encore une âme,
mais elles ont leur vie, autant que la vie peut se
séparer de l'âme; elles ont leur personnalité physique,
je dirai presque physiologique, elles ont leurs
formes, leurs couleurs, leurs rapports particuliers
de teintes, de tons, de valeurs, de lignes et de formes.
Chacune est un ensemble organique, un être, et
même une sorte d'être que l'on apprend à discerner
et que l'on reconnaît quand on en rencontre un
exemplaire nouveau.

*
* *

Il y a bien des manières de créer, en partant du
monde réel, un monde irréel et nouveau. L'artiste
peut choisir, volontairement ou spontanément, dans
la nature, un motif qui lui plaise, et le reproduire à
l'infini, en le variant plus ou moins chaque fois. Il
peut nous donner un monde où se concentre, où
domine tel ou tel aspect de la nature vraie, telle
heure ou telle saison. Il peut être frappé par telle ou
telle qualité des choses et nous donner un monde
surtout lumineux, un monde où la couleur l'emporte
sur tout, un monde plutôt solide et dense. Et il
paraîtra étrange aux esprits qui se méfient de
l'abstraction ou qui peut-être n'aiment pas trop à
creuser les questions, de dire que sa peinture sera
une peinture abstraite, et pourtant elle le sera.

Il peut encore s'écarter systématiquement de la réalité, affectionner telle ou telle couleur plus ou moins éloignée de la couleur réelle des choses, se complaire aux oppositions brusques et les multiplier, s'enchanter de certaines harmonies polychromes ou au contraire ramener toute combinaison de couleur à une sorte de camaïeu. Il peut employer les touches larges et les épaisses coulées de pâtes, ou au contraire les traits déliés et les petits rehauts, il peut enfin trouver mille autres moyens de mettre son empreinte sur le monde qu'il crée, et combiner tous ces moyens en mille manières. Et par sa technique il arrive ainsi à se caractériser et à caractériser son univers.

Certaines caractéristiques restent assez simples et comme extérieures. Il est des peintres qui ne sortent guère des effets de nuit ou de crépuscule. A voir les tableaux de tel artiste on ne se douterait pas que le soleil ait jamais existé, son monde est uniformément lunaire et nocturne. Cazin a excellé dans le paysage crépusculaire. La douceur et l'harmonie de ses couleurs, le velouté de sa facture le prédestinaient en quelque sorte à nous créer un monde de clarté indécise et de mystérieuse intimité. Mais ici nous abordons un autre domaine, et je n'insiste pas. D'autres se sont fait une spécialité des effets de neige. Georges Michel se plaisait aux ciels tourmentés et menaçants surplombant des collines pelées où croissent quelques arbres.

Des peintres, même des écoles entières ont surtout

visé à rendre les effets lumineux, à nous donner l'aspect apparent des choses, en oubliant trop de nous suggérer la réalité tangible. D'autres au contraire, sans négliger la vision, ce qui serait par trop paradoxal chez un peintre et comme une gageure que certains ont un peu l'air d'avoir tentée récemment, mais sans la gagner, d'autres se sont attachés à rendre la solidité ferme et durable des choses. Ils nous donnent ainsi un monde moins incomplet, plus concret, mais ils sont bien obligés aussi de laisser de côté certains caractères, certains éléments du réel. Le monde de Th. Rousseau, par exemple, est un monde éclatant et vigoureux à la fois, des chênes d'une robustesse admirable y croissent sur un sol assez ferme pour les porter et les soutenir, les feuillages, les herbes affirment une vie intense non seulement par leur fermeté (qui peut aller parfois jusqu'à la dureté), mais aussi par leurs couleurs pleines, savoureuses et fortes, presque toujours délicates aussi et brillantes. On sent parfois dans ce monde la fraîcheur du printemps, on y aperçoit la brume légère qui s'élève des fleuves, mais cette fraîcheur, cette brume même sont précises et paraissent durables. On n'y rencontre guère la mollesse indécise des premiers feuillages, ni les troublantes langueurs de l'air, ni les nuances fuyantes et continuellement renouvelées des jeux de la lumière sur les objets. La subtilité même y est forte et s'impose plus qu'elle ne s'insinue. Le monde de Rousseau vit d'une vie sûre, sereine et brillante,

sans attendrissement, sans mollesse et sans équi-
voques. Harpignies aussi, avec moins d'éclat, a peint
un monde d'arbres noueux et nerveux, de nature
résistante, un monde austère et un peu sec, où la
grâce manque souvent, où la force abonde, virile et
sans défaillance, un monde solide et puissant, où la
vie de la nature s'affirme et ne nous invite guère.

*
* *

D'autres artistes paraissent moins chercher dans
la nature un moment, un effet, une qualité dominante
que trouver en eux-mêmes, dans leur tempérament,
dans leur sentiment, dans leur goût le caractère principal qui marquera leur œuvre. Et sans doute ils en
ont pris dans la réalité l'idée et le modèle, mais ils ont
transformé cette réalité choisie, au point d'en faire
une sorte de propriété personnelle. Diaz s'est complu
à faire chatoyer les couleurs, à leur donner des éclats
d'agate ou de nacre, il aime les vives oppositions,
la lumière irradiant des troncs argentés frappés par
le soleil dans une forêt sombre.

D'autres ont mis à la nature une sorte de voile et
ne la montrent jamais à découvert. Carrière traitait
ses paysages comme ses figures, bien plus importantes d'ailleurs dans son œuvre. Il donne une nature
qui s'ébauche, dont le charme s'indique sans se préciser, une nature qui arrive à la vie, qui se dégage à
peine d'on ne sait quelle originelle indistinction.
Madame Delvové-Carrière nous a offert avec la

même technique tout un monde de fleurs. Beaucoup
de peintres aiment ainsi une sorte de lumière et la
répandent dans leur univers, ou bien s'inspirent
d'une compréhension spéciale du clair-obscur.

Rappelons simplement l'atmosphère dorée de
Cuyp, le parti pris d'ombre et de lumière de Rembrandt, la clarté diffuse de Corot et la brume
argentée dont il enveloppe si volontiers ses arbres.

Vous pouvez souvent reconnaître de loin un
paysage de tel contemporain aux couleurs vives
par lesquelles il rend la nature méridionale, tandis
que tel autre la traduit en se rapprochant beaucoup
plus de la monochromie, en noyant toutes les couleurs dans l'éclat du soleil, en faisant dominer dans
ses toiles un blanc à peine teinté, qui malheureusement, selon les tableaux qui l'avoisinent, peut prendre
un ton un peu blafard.

Un paysage de Renoir se reconnaît souvent
d'emblée au chatoiement irrégulier des couleurs, à la
lumière qu'on dirait décomposée par un prisme; un
paysage de Signac, à la lumière envahissante, aux
couleurs pures et souvent vives, à la touche visible,
relativement régulière. Jules Dupré et Paul Huet
ont fait, en quelque sorte, comme on l'a dit, des
« sonates de couleurs. » Ils se sont moins appliqués
à reproduire exactement la nature qu'à la recréer
par l'imagination, l'un en œuvres brillantes, d'harmonie forte et large, l'autre avec plus de subtilité
peut-être, d'indécision et de rêverie. D'autres, comme
Boudin, créent un monde d'une délicatesse fine,

ferme et précise, d'une harmonie sobre et discrète, relevée de quelques taches qui font ressortir la délicatesse de l'ensemble plutôt qu'elles n'en transforment le caractère. Jongkind, dans la maturité de son talent, se révèle par son dessin sommaire, nerveux, incisif, extraordinairement révélateur des formes, par ce que l'on a nommé ses « abréviations décisives », par sa couleur forte, intense, plutôt que vive et très variée. Il est souvent revenu aussi à certains sujets, aux clairs de lune sur des canaux, aux ciels chargés de nuages lourds, entre lesquels filtre une lumière nacrée. Un Suédois un peu oublié aujourd'hui, W. de Gegerfelt, mérite une place dans le voisinage de Jongkind et de Boudin. Il a peint, dans une manière qui s'apparente à la leur, des mers soulevées, des vues de ville, des effets de neige, et ses paysages aussi nous offrent une nature brillante, concentrée et ramassée en quelque sorte.

Il est impossible d'avoir regardé, même superficiellement, un certain nombre de tableaux du même peintre, s'il est personnel, sans être frappé par l'air de famille qui les unit : on les sent frères. Parfois peut-on tout d'abord confondre l'un d'eux avec un cousin. On arrive donc assez bien à se faire quelque chose comme une image générique des tableaux de tel ou tel peintre, et à conserver une sorte d'impression d'ensemble correspondant au monde qu'il a créé. Mais si l'on veut se rendre compte de cette impression, l'expliquer, l'analyser, même simplement la traduire, on se heurte à de grandes et parfois

insurmontables difficultés. Il est aisé de sentir, il
est impossible d'expliquer ou même d'exprimer complètement dans tous les cas son impression. Ces éléments de l'ensemble sont trop nombreux, trop ténus,
parfois les rapports qui les assemblent trop nombreux aussi et trop délicats pour être facilement
discernés. Et l'impression d'ensemble est souvent, au
moins en partie, incommunicable, parce qu'elle ne
peut s'exprimer par des mots. Tout au plus peut-on
sentir parfois si un autre l'éprouve à peu près comme
nous, mais se servir des mots de la langue pour la
communiquer à quelqu'un qui ne l'a pas eue déjà,
qui n'est pas spécialement disposé à la ressentir, c'est
souvent à peu près impossible. Il s'agit ici d'une
impression très spéciale, comme celle que donne la
musique, surtout la musique sans paroles. Il est
aussi impossible, pour prendre un exemple plus
humble, de faire sentir à quelqu'un la saveur spéciale d'un tableau, ou plus généralement de l'œuvre
d'un peintre, que de donner une idée précise du
bouquet d'un vin à un homme de sens obtus et
qui ne l'a pas goûté.

Il est sûr que le dessin, la composition, la couleur,
la facture, les rapports des tons, des teintes, les
valeurs, l'idée et le sentiment aussi ont leur rôle
dans la production de cette impression caractéristique d'ensemble, qui est pour nous la marque du
monde créé par un artiste original. Et parfois il
est possible de comprendre l'effet de telle ou telle
qualité, de se l'expliquer et de le formuler même.

On peut arriver, en certains cas, après une analyse minutieuse, à comprendre la synthèse qui s'opère. Mais il n'en est pas toujours ainsi, et il reste assez souvent dans l'impression caractéristique quelque chose d'incommunicable et qui ne peut même se traduire sûrement en mots.

***

Voyons donc, en examinant un tableau, une fois l'impression d'ensemble reçue et sentie, si les couleurs sont pures ou rompues, ternes ou vives, si les teintes sont variées ou non, si elles s'opposent brutalement les unes aux autres ou si des nuances intermédiaires les unissent, comment les couleurs d'ombre et les couleurs de lumière sont mises en rapport, s'il y a une grande différence de luminosité entre les parties les plus éclairées et les points les plus sombres, comment sont distribuées les ombres et les lumières, si les formes sont nettes ou enveloppées, si le dessin est obtenu par des traits précis ou par le jeu de la lumière et des couleurs, si les détails sont multipliés ou réduits aux notes essentielles et significatives. Analysons les rapports des couleurs et voyons si elles sont subordonnées à une couleur dominante, et à laquelle, ou bien si elles sont dans un état voisin de l'anarchie, comment le peintre a rendu et réparti les valeurs, comment il cherche à ordonner ses masses, ses maisons, ses arbres, ses nuages, et s'il y met un ordre apparent.

Demandons-nous s'il pose les couleurs par des touches visibles ou s'il les fond dans une surface continue et lisse, s'il empâte certaines parties, et pourquoi, si sa couleur est épaisse ou mince, étalée par larges coulées ou mise discrètement par petites touches successives. Faisons encore beaucoup de remarques du même ordre, qui varieront selon les tableaux, et nous arriverons à saisir un peu ce qui fait la personnalité artistique d'un peintre, à voir comment il crée son monde. Je ne dis pas que nous comprendrons toujours pourquoi l'effet qui se produit est bien ce qu'il est et non pas autre. La synthèse n'est pas toujours bien claire, il reste bien souvent quelque chose que l'analyse ne peut nous expliquer, et c'est la synthèse même. La chimie nous dit comment l'eau est composée, et nous permet même d'en fabriquer — succès auquel n'aspire même pas l'analyse esthétique, encore qu'elle puisse avoir ses résultats pratiques —, mais elle ne nous explique pas comment il se fait que l'union de deux atomes d'hydrogène et d'un atome d'oxygène donne un liquide dont les propriétés rappellent si peu celles de ses éléments.

Malgré tout il y a des synthèses plus compréhensibles. Nous apercevons bien une liaison entre l'impression que nous donne par exemple la peinture de Courbet et les qualités de sa facture, entre ce monde solide, dense, un peu lourd parfois, parfois aussi heureusement nuancé, et la belle qualité de la pâte, la largeur et la sûreté de la facture, la richesse

de la couleur. On voit bien aussi comment la facture timide, parfois un peu gauche et insistante, de
Chintreuil a donné un monde inquiet, mélancolique,
discret et comme épeuré. On croit aussi comprendre
comment le jeu des couleurs complémentaires, et la
division du ton, pratiquée quelquefois par Delacroix,
systématisée par Signac, peut donner, dans les cas
de réussite, un monde où la lumière est plus subtile,
plus vibrante, plus impérieuse. On conçoit que des
empâtements généreux puissent faire croire à la
solidité des objets, communiquer à la nature représentée une vie puissante et comme expansive. De
même aussi l'opposition vive des couleurs, les différences manquées d'intensité de la lumière, une
lumière éclatante avec des ombres poussées au bleu
foncé, au violet, peuvent aider à faire vivre le monde
de l'artiste d'une vie intense, débordante. Et ainsi
de suite. A chaque ensemble de procédés techniques,
de partis pris, de choix systématique dans les moyens
employés correspond une apparence particulière du
monde. Chaque artiste est ainsi conduit, par ses
tendances naturelles d'abord, sa nature et son goût,
mais aussi par l'instinct, la réflexion, l'étude qui
l'amène à prendre tel ou tel parti, à employer telle
ou telle technique, à créer un monde nouveau vivant
d'une vie spéciale, et ne ressemblant que d'une
façon abstraite à la nature vraie dont le peintre s'est
inspiré.

Et il se peut bien que parfois le peintre soit
entraîné par sa technique jusqu'à la création, au

4.

lieu d'être conduit par son idée à sa technique. La parole a une part dans la création de la pensée. La technique du peintre peut avoir aussi une part dans la création de ce qu'on peut appeler la pensée pittoresque. Celle-ci s'objective peut-être d'abord quelquefois, et le peintre peut ne la connaître réellement que lorsqu'il l'a réalisée et ne savoir au juste ce qu'il voulait inconsciemment que lorsqu'il l'a fait. Cela est du moins fort vraisemblable.

*
* *

Si nous comparons le tableau à la nature, il me semble que trois mots résument à peu près les différences qui existent entre l'un et l'autre, et indiquent les procédés généraux par lesquels l'artiste s'assimile la nature, la fait sienne, et la pétrit à son image. Ce sont la simplification, la généralisation et la transformation.

La simplification suppose un choix fait dans la nature. L'artiste y démêle quelques caractères essentiels qui le frappent particulièrement, quelques objets, quelques couleurs, quelques formes, quelques lignes particulièrement significatives. Il les conserve, il écarte le reste. Cela est nécessaire au style. Et les naturalistes les plus convaincus n'ont pu s'en priver. Tous ont simplifié, écarté les détails. Cependant quelques-uns en ont gardé trop encore. Ils n'ont pas su se résigner aux sacrifices nécessaires, et les arbres les ont empêchés sinon de voir, au moins de rendre la forêt. On peut voir au Luxembourg un grand et célèbre tableau de Rosa Bonheur, le *Labourage nivernais*, où les mottes de terre détachées par la charrue, avec les herbes qui poussaient sur elles, sont rendues avec un soin attendrissant. Cela est fort bien fait dans son genre, consciencieux, point désagréable à l'œil, correct et un peu mou. L'atmosphère ne manque pas tout à fait, mais le style est absent et n'est pas compensé par l'originalité assez faible de la technique. Rosa Bonheur n'a pas vraiment créé. Elle a à la fois trop minutieusement et trop incomplètement reproduit. Trop minutieusement, car elle nous donne beaucoup de détails sans signification ; trop incomplètement, car elle n'a fait qu'affaiblir la nature en la reproduisant.

Simplifier, c'est généraliser. Éliminer les détails, c'est faire ressortir l'ensemble, le caractère général choisi par le peintre et plus ou moins transformé par lui, c'est donner de l'unité à l'œuvre par la prédominance de ce caractère, quel qu'il soit. Ce qui peut dominer, dans une toile, c'est un personnage, ou un objet caractéristique, un arbre, une vague, c'est une couleur, c'est la lumière, sous toutes ses formes et aussi toutes ses nuances, c'est encore la distribution des couleurs, ou des lumières.

Enfin simplifier et généraliser, c'est transformer et créer. L'artiste qui transforme forcément la nature en la reproduisant, puisqu'il n'a aucun moyen de la rendre telle qu'elle est, la transforme aussi par le choix qu'il y exerce et par sa généralisation. Il la

transforme encore par son imagination, qui, c'est
entendu, a toujours son point de départ dans le
réel, mais qui en sort, et s'ébat presque librement
dans sa création. Ce n'est pas toujours dans le
monde réel que l'artiste trouvera toute faite l'harmonie de son œuvre, ni le sens qu'elle prend. Les
harmonies de couleur que nous donne la nature, le
peintre ne peut guère les reproduire telles quelles,
et lorsqu'il s'y acharne trop, il risque de nous
donner des tableaux désagréables, aux couleurs
aigres, criardes, désaccordées. Les peintres évitent
volontiers certaines associations de couleurs qui
sont très ordinaires dans la réalité : par exemple, le
vert des arbres se détachant sur le bleu du ciel.
Mais si l'artiste ne peut pas atteindre la nature, il
peut la dépasser. L'harmonie somptueuse et puissante d'un Delacroix, l'harmonie nerveuse d'un Jongkind, l'harmonie caressante d'un Corot ne sont pas
des choses tout à fait naturelles. Turner, Gustave
Moreau, Ravier ont des teintes et des harmonies
que la nature ne donne certainement pas comme
eux et qui nous versent une joie particulière, bien
différente de celle que nous prenons devant un
paysage vrai, un effet qui reste bien au-dessous de
la nature à certains égards, mais dont la poésie peut
dépasser la nature.

L'artiste transforme encore la nature par sa
raison, cette raison spéciale, plus ou moins con-
sciente et réfléchie, qui fait subordonner les détails
à l'ensemble, qui altère la nature pour la recom-

poser. C'est en somme une sorte d'opération rationnelle, quand on a pris son parti, de le suivre logiquement, d'écarter ce qui en sort, de tout faire
converger vers l'effet voulu. Cet effet peut être très
différent selon les cas. Il peut s'agir de répartir des
ombres, ou des maisons, ou bien des lumières et des
ombres, ou bien de faire dominer une couleur et d'y
rattacher les autres. En tout cela une logique s'impose et règle l'œuvre. La « composition », en prenant le mot dans sa plus large signification, et sous
toutes ses formes si diverses et situées, si je puis
dire, dans des plans différents, est un des caractères
de la création artistique[1]. Elle comprend aussi bien
l'harmonie des couleurs, que la distribution des
lumières ou l'ordonnance des masses.

Et l'on voit qu'il faut renoncer à l'idée de Taine
qui voulait que l'art, comme la science, mais par un
autre moyen, exprimât l'essence des choses, leurs
caractères fondamentaux. Sans doute elle contient
une part de vrai. Ce que l'artiste choisit, ce qu'il
garde de la nature, c'est bien, ou plutôt ce peut être,
en certains cas, un caractère essentiel et fondamental[2]. Et il n'y a pas à nier que l'œuvre, si elle est
d'ailleurs faite par un bon artiste, en peut recevoir
un intérêt supérieur. Mais ce que l'art nous montre
surtout, c'est l'expression de l'esprit de l'artiste, de

1. Il est d'ailleurs à peu près universellement admis, sous
différents noms.
2. Voir à ce sujet les exactes et fines analyses de M. Paul Souriau
dans l'*Imagination de l'artiste*.

son observation, de son imagination, de ses tendances, de ses goûts, de son habileté. L'œuvre d'art
est une chose individuelle ; tandis que l'œuvre de
science tend, en tant que purement scientifique, vers
l'impersonnalité. Je sais bien qu'elle n'y arrive pas
et qu'on pourrait soutenir, en prenant le contre-pied
de Taine, qu'une œuvre scientifique est toujours à
certains égards une œuvre d'art, où se concentrent
et s'objectivent, en une portion de la nature, l'esprit
et l'âme d'un savant. Et cela serait au moins aussi
vrai. Mais l'œuvre d'art est personnelle par essence
et par destination.

Et le vieil art magique commence à pâlir et à
s'effacer devant la resplendissante magie de l'art.
Impuissant — en un sens — dans la réalité, l'art
est efficace dans le rêve. Il ne nous donne pas une
nature qui se prête aux usages ordinaires de la vie,
mais il nous ouvre des mondes que la nature seule
fut impuissante à faire et ne connut jamais. Il nous
donne la nature vue, transformée, recréée par
l'homme, il nous montre à la fois la nature et l'âme
humaine se pénétrant étroitement, s'unissant, se
fondant dans une unité jusqu'alors inconnue.

Il peut aller plus loin encore.

CHAPITRE III

L'ÂME DES PAYSAGES

I

Un paysage peint peut donc nous plaire par sa ressemblance avec la nature, et nous l'aimerons aussi pour l'habileté du peintre, pour ses qualités d'exécutant, pour ce caractère indéfinissable qui nous fait parfois admirer au premier coup d'œil l'œuvre d'un maître dans un tableau dont nous n'avons pas encore discerné le sujet. Mais ce que nous devons étudier à présent, c'est la place que peut occuper, dans l'art du paysage, l'idée, l'idée générale déjà entrevue tout à l'heure, la pensée philosophique avec les sentiments qui l'accompagnent. C'est aussi le caractère expressif du paysage peint par lequel nous retrouvons dans un vallon ou dans une mer, dans un plateau aride ou dans un coin de parc, l'homme même, non plus la personnalité du peintre, mais l'humanité, une humanité enveloppée, diffuse, plus ou moins indiquée cependant, avec ou sans la volonté de l'artiste.

L'humanité, avec quelque chose aussi de plus abstrait, de plus élevé qu'elle, nous la retrouvons

dans la nature qui s'étend sous nos yeux et dans celle
que le peintre reproduit ou qu'il crée sur son rec-
tangle de bois ou de toile. Par là, la peinture de
paysage, trop sacrifiée par les esthéticiens à la peinture d'histoire, volontiers exclue du « grand art »,
se relève et peut s'égaler à n'importe quel autre
genre. Je ne suis pas de ceux qui croient à l'égalité
des genres. Elle n'est pas plus réelle que l'égalité
des œuvres ou que l'égalité des hommes. Mais si
l'on établit des inégalités, il est bon qu'elles soient
convenablement établies, et, d'autre part, l'inégalité
des genres est parfois aggravée, mais parfois aussi
plus ou moins exactement compensée par l'inégalité
des artistes.

*
* *

J'exprimerai brièvement ce que je veux dire ici
par cette formule : un paysage est une conception
du monde — conception sentimentale et affective,
conception intellectuelle ou philosophique, conception morale ou conception religieuse.

Il s'agit, bien entendu, du paysage peint, non du
paysage naturel. Mais ce dernier nous intéresse aussi,
quand ce ne serait que parce qu'il fournit au paysage
peint sa matière, tout au moins son prétexte et son
point de départ.

Souvent il lui donne bien davantage. Il lui suggère
une âme, l'artiste la transforme ; il ajoute à la nature
son génie lorsqu'il en a, il la déforme et la diminue

s'il en manque. Mais quelque chose d'analogue à ce qui sera dans l'œuvre d'art se trouve déjà dans la nature.

« Un paysage est un état de l'âme », disait Amiel dans une phrase bien connue, souvent répétée, assez souvent mal comprise. Pour en discerner le sens exact, il suffit de lire le passage qui la contient. « Paysage d'automne... Les feuilles tombaient de tous côtés comme les dernières illusions de la jeunesse sous les larmes de chagrins incurables... Je tenais la baguette magique et n'avais qu'à toucher un phénomène pour qu'il me racontât sa signification morale. Un paysage quelconque est un état de l'âme, et qui lit dans tous deux est émerveillé de la similitude dans chaque détail. La vraie pensée est plus vraie que la science parce qu'elle est synthétique et saisit dès l'abord ce que la combinaison de toutes les sciences pourra atteindre comme résultat[1]. »

Amiel exagère. Peut-être sans le vouloir, il a mieux assuré le sort de sa formule. En tout cas, il est manifeste que le paysage, à son avis, est, par lui-même, indépendamment de notre humeur à nous qui le regardons, une sorte d'émotion. Un jardin d'automne est une tristesse, fût-il contemplé par une gaîté.

Le mot d'Amiel est une métaphore. Aucune raison sérieuse ne nous amène à supposer que le paysage soit une émotion semblable aux nôtres, et

---

1. Amiel, *Fragments d'un journal intime*, I, 55.

bien des raisons nous en détournent. Amiel ne s'est
guère soucié de préciser sa pensée et la vérité qu'elle
enferme. Il se tire d'affaire en parlant de l' « âme de
la nature » qui est « devinée par le poète ». Et il
n'est pas sans intérêt de remarquer que nous retrouvons ici, sous une forme bien différente, l'idée de
Taine, que l'art, comme la science, nous révèle la
nature essentielle des choses.

Mais qu'est-ce que cette « âme » ? C'est ce qui n'apparaît pas très nettement. Et pourtant le mot d'Amiel
semble clair. Il est bien vrai qu'un paysage exprime,
ainsi qu'une physionomie, tel ou tel état psychique
ou organique. On m'entendra si je dis que la Bretagne est douce et triste, rêveuse et résignée; que les
collines des bords du Rhône en Provence sont ner-
veuses et d'une grâce un peu sèche et précise; que
certaines chaînes de calcaire jurassique dans les
Basses Cévennes sont d'une âpreté sauvage, qu'il y
a une austérité souriante dans certains vallons
verdoyants, que la chaîne des Alpes vue de la terrasse
qui s'étend devant la cathédrale de Berne est majes-
tueuse, que la Normandie est grasse et la Camargue
maigre; qu'il y a des sites accueillants et des sites
rébarbatifs, des sites sévères et des sites joyeux. On
contestera peut-être mes impressions, mais alors on
en proposera souvent d'autres, différentes mais de
même portée. Et sur l'expression même d'un visage
tout le monde ne s'accorde pas.

Animer la nature, c'est un procédé presque cons-
tant chez les poètes. S'ils en ont tant usé, c'est que

la nature s'y prête et que leurs lecteurs les comprenaient, sinon toujours, au moins souvent. Chateaubriand parlait du « grand secret de mélancolie » que la lune « aime à raconter aux vieux chênes et aux rivages antiques des mers », et le bon sens un peu plat de Morellet n'a point prévalu contre la poésie. Chateaubriand encore comparait magnifiquement la campagne romaine, avec ses vieilles ruines, à un esprit dévasté où s'élève encore par intervalles quelque grande pensée. Hugo a dit :

> C'est naturellement que les monts sont fidèles
> Et sûrs, ayant la forme âpre des citadelles.

Et Vigny :

> La nature t'attend dans un silence austère.

Voici qui est plus compliqué :

> La vieille volupté de rêver à la mort
> Alentour de la mare endort l'âme des choses.
> (STUART MERRIL.)

Et voici qui est moins clair peut-être, mais bien curieux aussi :

> Son œil à l'horizon de lumière gorgé,
>
> Voit des galères d'or, belles comme des cygnes,
> Sur un fleuve de pourpre et de parfums dormir
> En berçant l'éclair fauve et riche de leurs lignes
> Dans un grand nonchaloir bercé de souvenir !
> (STÉPHANE MALLARMÉ.)

Et je rappellerai enfin la petite pièce de *Sagesse* où Verlaine donne une si étrange et subtile notation :

> Et l'air a l'air d'être un soupir d'automne,
> Tant il fait doux par ce soir monotone
> Où se dorlote un paysage lent.

Ces exemples, que je cite un peu au hasard de mes souvenirs, pourraient être indéfiniment multipliés. Cherchons-en plutôt le sens.

*
* *

Qu'est-ce, pour un paysage, qu'avoir tel ou tel caractère? Qu'est-ce, par exemple, qu'être triste ou gai? Est-ce qu'il révèle par ses apparences quelques traits d'une nature qui ressemble à la nôtre? Est-ce simplement qu'il existe des analogies entre ces apparences mêmes et quelques-uns de nos états d'âme? Est-ce, plus simplement encore, que certains paysages sont plus particulièrement aptes à nous faire éprouver telle impression d'horreur ou de gaîté et que nous leur attribuons l'état d'âme qu'ils évoquent en nous?

Les trois suppositions sont vraies, à mon avis. Elles s'appliquent sans doute à des cas différents, mais sans s'exclure avec rigueur, et elles ont pu parfois se combiner. En tout cas la troisième ne saurait, à elle seule, nous satisfaire. La vraie question serait précisément : pourquoi tel paysage est-il plus apte qu'un autre à nous suggérer telle ou telle impression? Et n'est-ce pas parce qu'il est, en lui-même, plus ou moins semblable à tel ou tel de nos états d'âme? C'est ainsi qu'un visage doux nous suggère de la douceur et un visage affligé de la tristesse. Le paysage agit en certains cas de pareille manière.

Les ressemblances de l'âme humaine avec la nature inanimée ne sont pas seulement impliquées par l'attribution poétique de nos sentiments aux choses, par l'anthropomorphisme des poètes. Elles le sont également, il faut bien le remarquer, par l'opération inverse, par notre tendance à exprimer des qualités morales ou vitales en les assimilant à certains faits naturels.

Nous comprenons tous ce que signifient des phrases banales comme : « un sourire éclaira — ou illumina — son visage », ou bien : « ses yeux lancèrent un éclair », bien que la chose soit moins commune que n'ont paru le croire beaucoup de romanciers. Mais qu'il se soit fondé une convention dès « éclairs » du regard, éclairs annonçant une sorte de foudre métaphorique, cela ne nous est pas indifférent. Il convient aussi de rappeler ici ce que l'on entend par « voir rouge ». « Il a vu rouge », cela se dit d'un homme que la colère emporte à l'assassinat. Et dans cette image assez curieuse, mais bien usée, et qui rappelle la susceptibilité des taureaux et les expériences faites sur l'effet dynamogénique ou déprimant des couleurs, certaines personnes paraissent s'imaginer qu'elles trouvent une explication, ou même une excuse? Nous entendons mieux le « regard fané » donné par Verlaine à l'animal mourant. Et nous exprimons couramment des qualités humaines par des expressions telles que : « solide comme un chêne », « ferme comme un roc », « brave comme son épée », « perfide comme l'onde ». Ces deux der-

nières sont d'ailleurs d'une complexité particulière
et laissent voir un singulier retour de sens.

*
* *

Entre l'âme humaine et les paysages, de saisis-
santes analogies s'avèrent. Elles sont dues à plusieurs
causes qui se rattachent sans doute aux ressemblances essentielles unissant tout ce qui existe. Elles
se rapportent aux différentes façons dont nous pouvons nous comporter avec eux selon leurs différentes
qualités. Elles tiennent aussi aux impressions de
dépression ou d'excitation, de tristesse ou de joie
que nous recevons de la nature comme des êtres
humains, sans en bien comprendre toujours la
cause. Mais, sous tout cela, transparaissent, semble-
t-il, des analogies abstraites, des identités partielles
fondamentales et bien réelles. Un paysage n'a pas
une « âme » se manifestant, comme la nôtre, par des
souffrances conscientes et par des idées réfléchies.
Son âme à lui est un ensemble de caractères généraux, de phénomènes, de fonctions qui varient d'un
paysage à l'autre, mais qui expriment ou consti-
tuent la vie des choses, leur nature et leur destinée.

Un paysage est doux si ses parties se relient sans
heurts brusques les unes aux autres, si les couleurs,
point trop éclatantes, y varient assez peu et par des
transitions peu sensibles. Pareillement une âme est
douce quand les impressions, les désirs, les idées et
les actes s'y enchaînent sans trouble, sans excessive

vivacité, sans violents contrastes, quand les passions n'y sont point exaspérées, quand tout s'y ordonne sans peine.

Et un paysage pourra paraître orgueilleux ou majestueux si de hautes montagnes y dominent la plaine, si des arbres élevés y étalent leur splendeur, si les forces naturelles s'y affirment puissamment et y établissent leur suprématie. Il sera terrible si ces forces s'y heurtent violemment, si la tempête y tord les arbres et y crispe les flots, lance les grandes vagues à l'assaut des rudes falaises escarpées. Il sera triste si la pauvreté du sol ou la salure de l'air empêche les plantes d'y prospérer, si la vie y languit, si les fleurs y avortent. Et sans doute ceci n'est pas absolu. Il faudrait discerner les nuances et distinguer les cas, mais le fait général demeure et nous suffit.

Ces aspects humains de la nature sont précisés par la manière dont nous pouvons nous comporter avec elle et, pour ainsi dire, par l'accueil qu'elle nous fait. Il est des assemblages de prairies, de bosquets, de collines qui nous invitent en quelque sorte à les parcourir. La douceur de leurs pentes, l'agrément de leurs ombrages, la grâce sinueuse de leurs ruisseaux nous y attirent. D'autres se révèlent hostiles. L'escarpement de leurs rochers en rend l'accès peu facile, leurs lignes sèches et heurtées, leur aspect rude, leurs buissons épineux, leur aridité, leur sol rocailleux nous rebutent. La promenade y prend des aspects de lutte et de conquête. Et de même il est des gens avenants et des gens distants et comme escarpés, et nos impressions auprès d'eux sont du même genre.

*
* *

Tout un ensemble de faits naturels s'associe presque invinciblement à nos joies, à nos tristesses, à notre activité, à notre repos ou à nos rêveries. La nature et la vie sociale nous prédisposent à subir leur influence. L'ombre et la lumière, par exemple, en font partie. En général la lumière est plutôt excitante, l'ombre apaise. Le jour est pour l'activité, le travail; la nuit pour le repos, le sommeil. La chaleur modérée, le froid modéré sont excitants ou tonifiants, la chaleur et le froid excessifs assoupissent et tuent. Tous ces effets peuvent être avivés par des contrastes, affinés, atténués, transformés par des variations ou des complications de circonstances.

De là, les effets d'un paysage nocturne ou d'un paysage de plein soleil, d'un paysage de neige et d'un paysage tropical, du clair de lune, de l'aurore et du crépuscule. Et non seulement les formes variables de notre activité de chaque jour se rattachent assez étroitement aux différentes manifestations de la lumière et de la chaleur, mais il en est de même de l'ensemble de notre vie. Le cours du soleil appelle l'idée du cours de la vie humaine, la nuit évoque la mort et l'aube fait songer à la naissance.

Les poètes nous ont transmis en l'enrichissant le

trésor des observations et des impressions humaines.
Je rappelle seulement : *per amica silentia lunæ*,
le « secret de mélancolie » de la lune, l'admirable
quatrain de Hugo, où l'âme et la nature s'unissent
si étroitement :

> Buth songeait et Booz dormait. L'herbe était noire.
> Les grelots des troupeaux palpitaient vaguement.
> Une immense bonté tombait du firmament,
> C'était l'heure paisible où les lions vont boire.

Et encore quelques-uns du *David* de R. Dumas,
inspiré par le tableau de Gustave Moreau, où le roi
vieilli rêve sur son trône, tandis que le soleil disparaît à l'horizon :

> Mais alors, jeune et fier, je marchais dans l'Aurore,
> Et les peuples voyaient, aux pieds de l'Éternel,
> Comme un soleil levant monter sur Israël
> Ma gloire où votre éclat resplendissait encore.

Le symbolisme des saisons ne s'accuse pas moins.
Le printemps, l'été, l'automne, l'hiver ont un sens
vital, un sens humain non moins qu'un sens astro-
nomique. Et l'impression que nous en recevons est
encore à la fois d'origine physique, d'origine physiologique, d'origine psychologique et sociale. Le
printemps, le matin, la jeunesse et l'amour, l'été, le
jour et la force de l'âge, l'automne, le crépuscule et
la vieillesse, l'hiver, la nuit et la mort s'associent
invinciblement [1]. Ici encore que de preuves les lit-

---

1. Remarquons en passant que les saisons sociales et poétiques
ne correspondent pas absolument aux saisons astronomiques.
On surprendrait beaucoup de gens, je crois, en leur disant qu'en

tératures apporteraient de ces impressions aussi vieilles sans doute que la sensibilité humaine! « O jeunesse, printemps de la vie; ô printemps, jeunesse de l'année! »

> Au temps du gazouillis des feuilles, en avril,
> La voix du divin Pan s'arme de folie
> Et son souffle qui siffle en la flûte polie
> Éveille les désirs du renouveau viril.
>
>   (STUART MERRIL.)

> A l'heure où meurt l'amour, à l'heure où meurt l'automne.
>   (STUART MERRIL.)

Rappelons-nous encore le chant d'amour de Siegmund dans la *Walkyrie*. Les poètes ont tellement uni l'amour et le printemps que leur union est devenue aussi banale que celle des rimes *amour* et *jour*. Quelques réactions ont dû se produire contre les impressions communes. Et, tout naturellement d'ailleurs, l'exaltation de la vie qui réjouit l'homme sain peut dégoûter ou exaspérer le pessimiste, le malade, celui même qui trouve toujours quelque chose de vulgaire ou de pervers dans la joie, celui qui se sent toujours un peu hostile à la vie de ce monde.

> Et le printemps et la verdure
> Ont tant exaspéré mon cœur·
> Que j'ai puni sur une fleur
> L'insolence de la nature.
>
>   (BAUDELAIRE.)

hiver les jours grandissent et qu'en été ils diminuent. Le mois de décembre paraît appartenir à l'hiver plus que le mois de mars, et septembre, c'est déjà l'automne, bien avant l'équinoxe.

Quand le vent automnal sonne le deuil des chênes,
Je sens en moi non le regret du clair été,
Mais l'ineffable horreur des floraisons prochaines.

(EPHRAÏM MIKHAËL.)

Et les poètes nous disent aussi le charme pénétrant de l'automne, avivé par la vision de l'hiver pro-
chain, la douceur des derniers beaux jours encore
lumineux, la somptuosité des feuillages mourants :

L'automne souriait, les coteaux vers la plaine
Penchaient leurs bois charmants qui jaunissaient à peine.

(V. HUGO.)

Oui, dans ces jours d'automne où la nature expire,
A ses regards voilés je trouve plus d'attraits,
C'est l'adieu d'un ami, c'est le dernier sourire
Des lèvres que la mort va fermer pour jamais.

(LAMARTINE.)

Le parc bien clos s'emplit de paix et d'ombre lente :
Un vent grave a soufflé sur le naïf orgueil
Du lys et la candeur de la rose insolente,
Mais les arbres sont beaux comme des rois en deuil.

Encore un soir ! Des voix éparses dans l'automne
Parlent de calme espoir et d'oubli ; l'on dirait
Qu'un verbe de pardon mystérieux résonne
Parmi les rameaux d'or de la riche forêt.

(EPHRAÏM MIKHAËL.)

Une rose d'automne est plus qu'une autre exquise.

(AGRIPPA D'AUBIGNÉ.)

Ainsi triomphent tour à tour deux tendances indé-
racinables et opposées, l'élan, et la soif du repos,
l'amour de la vie, et le désir, inconscient ou non, de
la mort. Et toutes deux trouvent, dans la nature, des
symboles de notre destinée et des occasions de se
satisfaire au moyen de l'art.

C'est que la nature a, comme nous, sa mort et sa vie. Si la mort du soleil n'est qu'une métaphore, d'ailleurs nécessaire et impressionnante, la vie des plantes et des animaux, leurs amours (au sens essentiel du mot) et leur mort sont une réalité. Sans doute tous les végétaux ne meurent pas définitivement en hiver, tout au moins la plupart paraissent ne plus vivre. La nature abrite aussi et nourrit, contrarie parfois et fait avorter, dans les êtres qui la composent, les mêmes désirs fondamentaux qui agitent nos existences, qui les exaltent et les font déborder, qui y mettent un terme en se supprimant eux-mêmes. Qu'ils soient ici ou là un peu moins inconscients, un peu plus compliqués, cela n'a pas une importance énorme. L'identité foncière n'en subsiste pas moins. Si l'âme n'est que l'ensemble de nos énergies, la nature a une âme, ou plutôt autant d'âmes qu'elle contient d'êtres individuels, quels qu'ils soient. Cette âme, nous la sentons d'une manière confuse longtemps avant de connaître les analogies de la biologie animale et de la biologie végétale. Et c'est une fonction des poètes, des artistes, de nous la faire mieux sentir et mieux pénétrer, de nous faire retrouver dans la nature ce qui est aussi dans l'humanité. Ils n'auraient point accumulé tant de comparaisons et de métaphores si leurs lecteurs n'avaient été leurs complices. Et s'ils ont pu charmer les hommes, c'est que leurs chants, en même temps qu'ils entretenaient de chères et naturelles illusions dont on entend l'écho dans le mot d'Amiel, reposaient sur un fond idéal de vérité abstraite et quelquefois de vérité scientifique [1].

*
* *

Un paysage peint peut donc être expressif. Non point sans doute de la même manière qu'un portrait, une tête de fantaisie, une réunion de personnages. Non point, on peut le croire, avec la même précision et la même minutie, mais peut-être l'artiste peut-il mettre à cette expression plus d'originalité, plus de finesse et d'indécise subtilité, et même plus de gran-

---

1. Cf. un chapitre de P. Souriau sur la beauté d'expression dans la nature dans *La beauté rationnelle* (Paris, F. Alcan). Souriau fait peut-être encore, malgré ses réserves, la part trop grande à l'anthropomorphisme, en disant qu'on peut attribuer à la plante, sans trop d'illusion, « un vague bien-être, de sourds malaises », et en admettant que nous pourrions bien avoir le droit d'aller plus loin. La même critique peut s'adresser, il me semble, au passage qu'il extrait du *Robert Burns* d'Auguste Angellier, passage beau d'ailleurs et très pénétrant : « Le sourire appartient bien à certains lieux, l'horreur à d'autres, et à d'autres la sérénité. Un paysage où toutes les plantes périssent et jaunissent, où les arbres souffrent, où toute vie est chétive, exténuée et malingre, est triste en soi sans qu'il soit besoin qu'un homme vienne y gémir. Un autre en tout est robuste et exubérant de sève, est un centre d'existences heureuses; il est gai comme une maison où tous se portent bien. » A mon avis, ce qui importe, c'est le fait même de l'organisation ou de la désorganisation, de l'accord ou de la lutte, de la vie et de la mort, de la prospérité et du déclin. Peu importe, pour le caractériser, qu'il soit senti par l'être lui-même qui le réalise. La mort d'un homme, même s'il n'a pas souffert, s'il n'a pas prévu cette mort, si elle l'a pris pendant son sommeil et sans qu'il s'en doute, peut être en elle-même un événement fort triste. De même le dépérissement d'un arbuste, la mort d'un chêne vigoureux, alors même qu'aucun fait de conscience ne les signale, simplement parce que l'un est un dépérissement et l'autre une mort. Il serait bon de s'habituer à

deur. L'expression sera parfois plus discrète et plus cachée, plus abstraite aussi certainement, mais par là elle devient aussi plus pure et comme idéalisée. Et s'il ne faut pas plus de génie à un artiste pour donner une âme à la nature que pour donner une âme à un personnage, il semble bien qu'il lui en faille autant et d'une espèce particulière, qui sera, sinon plus haute, du moins plus rare.

Comment arrivera-t-il à son but? Par des moyens artistiques, intellectuels, d'une part, et, de l'autre, par des moyens techniques. Il devra choisir son site, le transformer, en dégager les caractères essentiels

---

regarder le bonheur, le malheur, la gaîté, la tristesse, sous une forme objective et forcément abstraite, au moins quand on en traite scientifiquement, car il convient au contraire que les poètes ne se déshabituent point des métaphores et des person-nifications exagérées et que tous nous puissions nous y plaire. Elles peuvent nous aider non seulement à mieux sentir, mais encore à mieux comprendre la nature.

En certains cas, l'interprétation anthropomorphique même très atténuée reste visiblement défectueuse. Une vieille falaise rongée peu à peu par la mer, cela est grandiose et triste. Cela est triste par les comparaisons évoquées, mais cela est triste en soi également. Pourtant ni la mer ni la falaise ne sentent, autant que nous en pouvons juger. Ce ne sont pas même des individus, des êtres organisés. Mais ici d'immenses forces sont en jeu et elles se contrarient. Ce que les unes ont fait et tendent à maintenir, d'autres tendent à le défaire. C'est cela qui nous donne l'impression du tragique et qui reste tragique, qu'un homme soit là pour le sentir et le penser, ou que le conflit des forces aveugles et muettes n'ait que des témoins aveugles et muets.

Rodin a signalé aussi l'interprétation du paysage, et ce qu'il en dit se rapproche de ce que dit Amiel, surtout du symbolisme religieux, et aussi de la conception du paysage interprété par chaque artiste selon son état d'âme. Voir : Rodin. *L'Art*, entretiens recueillis par Paul Gsell, p. 218-219.

qu'il veut rendre dominants, et sinon y introduire, du moins y développer, y concentrer l'âme qui fera de son tableau une œuvre vivante. D'autre part, la couleur éclatante ou sombre, monotone ou variée, pure ou rompue, la touche invisible ou affirmée, timide ou fougueuse, légère ou appuyée, la ligne précise et sèche ou le modelé large viendront concourir à l'expression, entrer dans l'harmonie, contribuer à faire vivre l'âme. Examinez la couleur, la touche, la ligne chez les grands paysagistes, vous les verrez concourir avec la composition, avec l'idée, pour rendre visible l'âme d'un paysage.

Le peintre, comme le musicien, mais avec des éléments tout différents, en s'adressant à la vue dans l'espace, au lieu de s'adresser dans le temps à l'ouïe, va composer une sorte d'âme qu'il amènera jusqu'à la nôtre, qui doit y pénétrer, l'envahir, se substituer à elle en partie. Un tableau est une sorte de symphonie de couleurs et de lignes, comme une symphonie est un tableau qui se déroule dans le temps. L'analogie des deux arts est affirmée par les tentatives qui les ont unis. L'art de Wagner, comme on l'a dit, consiste, d'un certain point de vue, à faire commenter un tableau par une symphonie. Un paysage naturel peut inspirer une mélodie, une combinaison d'accords, un fragment musical suggérera aussi l'idée d'une campagne riante ou d'une mer houleuse. La *Symphonie pastorale*, l'ouverture de *Guillaume Tell*, l'*Enchantement du Vendredi saint* et les *Murmures de la forêt*, l'Invocation à la nature de

la *Damnation de Faust*, *la Mer* de M. Claude Debussy,
voilà des œuvres, bien différentes par ailleurs, qui
illustrent suffisamment ce que j'indique. Malgré
l'inévitable part d'illusion que comporte l'évocation
de la nature par la musique qui suggère et n'imite
que peu ou point, et même en partie à cause de
ces illusions, le fait est significatif. Mais je n'ai pas
à l'examiner ici plus longuement.

II

Après l'émotion, la pensée. Elles s'unissent toujours et l'analyse seule les sépare. Un paysage, ai-je
dit, est une conception du monde. Il s'agit ici du
paysage peint, mais le peintre ne fait que ce que
fait le poète, ce que chacun fait à sa manière et
selon ses forces. Il suffit, pour le comprendre,
d'intellectualiser les émotions dont je parlais tout à
l'heure. Un paysage d'automne, par exemple, pro-
clame que la joie est éphémère, que la mort se hâte,
il nous dit où aboutissent les bourgeons et les fleurs
du printemps, les feuillages denses et les fruits de
l'été. Un paysage de printemps nous parle au contraire de jeunesse toujours renaissante et d'éternelle
floraison. En copiant de son mieux la nature, un
bon artiste peut déjà nous émouvoir et nous faire
penser. Il y parvient mieux encore par le parti pris
de ses choix et ses déformations systématiques.

Par leur nature même et leurs qualités propres,

comme aussi par les associations que la vie sociale
a depuis longtemps enracinées en nous, certaines
choses, certains êtres prennent un sens, deviennent
évocateurs d'idées. L'immensité de la mer, l'immensité des plaines, l'ascension rigide et sombre du
sapin, la forte vieillesse du chêne, les dures falaises
usées par le choc furieux ou par la caresse des
vagues, l'éternelle et vaine agitation des flots, tout
cela peut apparaître comme un symbole de vérités
hautes et graves. Sous les roches, derrière les arbres,
gnomes et nymphes vivent encore, mais ils se sont
transformés, desséchés, ils ont pâli, ils ont perdu
leur chair et leur sang, ils sont maintenant des
idées, souvenirs encore vivants, chéris ou redoutés,
des formes d'autrefois ou pensées abstraites, plus
desséchées et plus pures. Et l'artiste, quand il est,
parfois sans qu'il le veuille ou qu'il s'en doute, un
penseur et un poète, nous les rend visibles et les
amène sous nos yeux.

Chaque être manifeste des forces, des forces auxquelles l'homme est soumis comme le reste du
monde, et dont l'inflexibilité, la puissance, l'indifférence ou l'utilité même lui inspirent des sentiments
sur lesquels il ne se blase guère et des idées auxquelles il revient toujours. Au-dessus de tous les
objets s'élève la nature elle-même, l'ensemble de ce
qui est. Bonne, nourricière, créatrice, indifférente,
menteuse, meurtrière, splendide, éternellement
vieille, éternellement jeune, on l'a vue sous tous ces
aspects.

Les idées qu'elle peut éveiller semblent d'ordre
philosophique et surtout littéraire bien plutôt que
d'ordre pittoresque. En effet les souvenirs de nos
poètes se pressent dans la mémoire, et tout à l'heure
déjà j'en ai indiqué quelques-uns :

> Une terre au sol dur, âpre, avare, inclément.
>
> (V. Hugo.)

> On me dit une mère et je suis une tombe,
> Mon hiver prend ma mort comme son hécatombe,
> Mon printemps ne sent pas nos adorations.
>
> (A. DE VIGNY.)

> Tombe, astre glorieux, source et flambeau du jour,
> Ta gloire en nappe d'or coule par tes blessures,
> Comme d'un sein puissant tombe un suprême amour.
>
> Meurs donc, tu renaîtras, l'espérance en est sûre ;
> Mais qui rendra la vie, et la flamme, et la voix
> Au cœur qui s'est brisé pour la dernière fois ?
>
> (LECONTE DE LISLE.)

> Nature au front serein, comme vous oubliez
> Et comme vous brisez, dans vos métamorphoses,
> Les fils mystérieux où nos cœurs sont liés !
>
> (V. Hugo.)

Il suffit peut-être de rappeler en bloc les poètes,
les penseurs, les philosophes et les théologiens. Le
panthéisme, certaines formes du matérialisme, des
religions diverses, l'optimisme et le pessimisme
peuvent, par la contemplation de la nature, se réjouir
et s'exalter. Nos idées abstraites s'animent ainsi et
prennent un corps. Comme la vue rappelle les idées
et les fait plus vivantes en les montrant incarnées
dans le concret, le peintre peut exprimer une philo-

sophie. Et, en effet, il est des peintures optimistes
et des peintures pessimistes, des paysages épicuriens
et des paysages stoïciens, il en est qui évoquent
Rabelais, il en est qui font penser à Vigny, et nous
le verrons peut-être mieux tout à l'heure.

*
* *

Voici un plaisir différent et d'ordre plus strictement pictural, mais encore abstrait, qui nous arrive
par le paysage. Je veux parler de l'harmonie des
lignes et des couleurs, de la composition, du balancement des masses. C'est un plaisir très esthétique
et encore intellectuel.

Des traités techniques foisonnent en considérations sur l'art de composer, et spécialement sur la
« pyramide ». A vrai dire, ni la composition au sens
ordinaire du mot, ni surtout l'ordonnance pyrami-
dale ne sont absolument nécessaires au paysagiste.
Mais elles le servent en bien des cas. Ce qui est
assez curieux, c'est que la nature, pour être belle,
s'en passe peut-être moins facilement que l'art. Un
site confus, discordant, monotone ou trop nu, nous
choque ou nous laisse indifférents, s'il ne nous
attache à lui par des souvenirs personnels et de
vieilles impressions. Nous aimons un pays où de
nombreux détails s'unissent en une ordonnance
simple et facilement saisissable. Mais ce ne sont
point les plus beaux paysages naturels qui inspirent
les plus beaux tableaux.

Des sites insignifiants ou ingrats, arides, dépouillés, sans ordre peuvent se refléter en de très belles et très attachantes peintures. D'admirables paysages sont complètement dépourvus de composition, et il s'en faut qu'on rencontre toujours la pyramide ou le balancement des masses chez M. Pointelin, par exemple, ou chez les impressionnistes. Cependant la composition a bien servi certains artistes qui lui doivent une part de leur gloire.

Il existe des sites naturellement composés. Les lignes principales s'y dégagent harmonieusement, les couleurs s'y assemblent fort bien, certains objets y dominent : une montagne, un bouquet d'arbres, une ruine, quelque château; les lignes secondaires et celle de l'horizon s'associent et se subordonnent aux leurs. Parfois aussi une impression de sublimité s'y dégage de quelque contraste : c'est un fleuve débordé qui noie les prés et baigne le tronc des arbres, c'est une mer furieuse soulevée contre une falaise impassible, ou submergeant et renversant une digue trop frêle. Et le peintre peut y trouver les principaux éléments et l'ordre même d'un tableau très bien construit.

Il arrive aussi qu'une impression d'unité différente sorte de l'absence même, dans un coin de la nature, de toute composition, de la monotonie, de la pauvreté du paysage. Un pays plat s'allongeant à perte de vue, comme la Hollande verte ou la Camargue grise, un coteau uniforme, pierreux, pelé, avec quelques herbes rares et rabougries, ne nous donnent pas le plaisir esthétique de la composition. Ils sont souvent peu intéressants pour l'étranger, mais ce ne sont pas à ceux-là que s'attachent le moins ceux dont ils furent les amis d'enfance ou ceux qui savent, par une intuition rare, en comprendre le caractère et le sens. « Nous avons, dit Jules Boissière, parcouru une région immense où chaque site eût pu servir de décor et de cadre aux plus exquis poèmes d'amour; et cela n'émouvait aucun de nous comme le moindre mas de Provence, tapi entre deux cyprès effilant leur cime noire vers le ciel, en un coin de pays où la terre, véritable alluvion d'aïeux, fait partie intégrante de notre famille et de nous-même[1]. »

Parfois il y a quelque compassion, quelque miséricorde avec aussi, chez certains, quelque chose de malsain, une pointe de perversité, quand ce n'est pas du pur snobisme, dans le ragoût qu'on trouve à certains sites déguenillés. Cela rappelle la prédilection de quelques littérateurs et d'une partie du public pour les gueux et les criminels. La poésie de la Bièvre salie et corrompue, des champs sans herbes, où les seules fleurs sont des tessons de bouteille ou d'autres détritus rejetés par la vie de la ville, des ciels rayés par les cheminées d'usine, a

---

1. Jules Boissière : *Fumeurs d'opium*, p. 208. Boissière estime même que « les habitants des plus merveilleuses régions, les Hindous, les Malais, sont moins intimement attachés à leur pays, par toutes les fibres du cœur, que les indigènes des moins belles contrées de la terre ». Il convient toutefois de ne pas trop généraliser cette remarque. L'exemple des Suisses nous y engage.

tenté des poètes et des peintres. Sainte-Beuve s'en
inspira jadis, Huysmans plus récemment, et Raffaelli
l'a traduite avec beaucoup de précision, de finesse
et de sympathie. L'unité ici est surtout une unité
d'impression et de sentiment.

*
* *

C'est souvent par une longue pratique que nous
arrivons à comprendre et plutôt encore à sentir intimement un paysage. Il en est surtout, semble-t-il,
qui ne se livrent pas d'abord, ni tout d'un coup.
Quand ils sont devenus de vieux amis, alors seulement ils nous disent tout ce qu'ils ont à nous dire.
Nous avons vécu avec eux, nous les entendons. Et
nous ne pensons pas toujours à réduire leur nature
en une formule, nous croyons même n'y rien voir
qui vaille d'être énoncé. Mais quand ils nous
manquent, quand nous les comparons à d'autres, à
de nouvelles connaissances, nous sentons bien les
liens qui nous attachaient à eux et ce qui, intimement uni à nos souvenirs, à nos impressions
d'enfance, ou d'âge mûr, mêlé au tissu de notre
vie passée, faisait leur agrément pour nous, j'ose
presque dire leur beauté. Et nous comprenons
aussi en quoi ils diffèrent des autres et quel est leur
caractère intime, le caractère qui ne se révèle pas
au passant, qu'une visite superficielle ne peut faire
aimer, qui se dévoile peu à peu quand nous avons
longuement vécu, souffert et pensé près d'eux. La

conception que nous en avons se dégage parfois
alors devant notre connaissance, mais, visible ou
non, elle existait déjà.

« Pour peindre un pays, disait Courbet, il faut
le connaître. » Et, en effet, il n'est pas rare qu'un
peintre s'attache à une contrée et montre une évidente prédilection à nous en rendre l'apparence, et,
sous l'apparence, le sens caché. L'artiste ne rend
pas également bien tous les aspects de la nature. Et
c'est, en partie au moins, parce qu'il ne les connaît
pas tous également. Il en est qu'il n'arrive pas à
traduire, et il en est sans doute dont il n'arrive pas
à se faire une conception nette et profonde à la fois.
C'est parce qu'il ne les a pas assez connus, et c'est
aussi parce que sa nature personnelle, la qualité
de son esprit et de sa sensibilité, la qualité de sa
technique, lui rendent plus ou moins facile ou
lui interdisent presque entièrement l'accès aux profondeurs de telle ou telle nature. Il y a comme une harmonie préétablie entre telle âme de peintre et telle
contrée. Cela vient certainement, en bien des cas,
de ce que l'artiste a longtemps vécu dans telle ou
telle contrée. La terre nous forme un peu à son
image. Il ne faut pourtant pas exagérer, comme on
en eut naguère l'habitude, cette influence des objets
qui nous environnent dans nos premières années, ni,
comme on le ferait volontiers peut-être à présent,
l'action de la famille et de sa longue adaptation à un
pays, dont je ne conteste pas d'ailleurs la réalité.
En un sens tout le monde ne naît pas dans sa vraie ·

patrie. Quoi qu'il en soit, Corot et l'Ile-de-France, même la partie septentrionale de la France en général, Daubigny et les bords de l'Oise, Pointelin et les plateaux du Jura, Cottet et la Bretagne nous donnent des exemples de ce genre d'harmonie.

Ce qui arrive, dans les meilleurs cas, c'est que l'artiste nous épargne l'apprentissage d'un pays. C'est même là un des signes les plus évidents de la supériorité du talent. En regardant certains portraits de Rembrandt on a l'impression d'avoir longtemps fréquenté l'original, d'avoir pénétré ses sentiments et ses idées, ses qualités et ses manies. Pareillement devant le paysage d'un maître, on pénètre l'âme d'un coin de terre, on s'y reconnaît et on s'y retrouve. L'artiste nous a évité une longue initiation. Il nous livre ce pays que nous aurions péniblement appris, il crée en nous ce sentiment et cette conception que le temps et l'expérience prolongée auraient pu faire germer, il sait nous rendre cher, nous rendre familier un site inconnu et parfois d'apparence ingrate. A la vérité, si nous voyons nous-même le pays réel que l'artiste a représenté, l'idée que nous nous en ferons, le sentiment que nous en éprouverons différeront par quelques caractères au moins du sentiment et de l'idée que l'artiste nous donne. Ce qu'il nous fait connaître, c'est moins la nature réelle et vraie que le monde créé ou du moins refait par lui, mais ce monde il nous l'ouvre et nous le donne dans son intimité profonde. Corot, Chintreuil, Pointelin,

Cottet, voilà des noms qui m'arrivent immédiatement si je veux illustrer tout cela.

*
* *

Le peintre, comme le poète, corrige la nature ou la crée. Il la corrige toujours. Il n'y a pas de peinture absolument réaliste. La photographie même ne l'est pas. Tout portrait, portrait d'homme ou de femme, de mer ou de prairie est une traduction. Le fait seul de tracer des lignes sur une toile et d'y étaler des couleurs suppose une invention provoquée par l'impuissance de l'artiste à rendre la vérité sans altération, due d'autre part à son génie.

Chateaubriand parle quelque part d'un croissant de lune qui se trouve dans le ciel tout justement pour l'empêcher de mentir en décrivant le lever du jour. N'eût-elle pas éclairé le ciel, il aurait encore illuminé le récit. Le procédé peut être blâmé si l'on prétend rapporter un fait réel, faire œuvre d'historien. Il s'impose quand on fait œuvre d'artiste.

Les formes sont extrêmement variées et d'importance très différente. Les traités spéciaux exposent des recettes, des trucs, quelques-uns assez puérils et qui nous intéressent ici parce qu'ils visent à transformer plus ou moins l'équilibre et par là, en certains cas, l'âme même du sujet représenté. Par exemple, il faut, dans un paysage, deux formes pyramidales d'inégale hauteur. Si l'une manque au site, on la crée. Un nuage placé à l'endroit convenable, une

fumée s'élevant au-dessus d'un toit et se dissipant
dans l'air au point où sa présence n'est plus utile,
viennent ainsi corriger une nature insuffisamment
correcte. Et il est toujours facile de surélever une
colline, de diminuer la hauteur d'un arbre, de
supprimer ou d'ajouter une maison, une ruine loin-
taine, selon le besoin qu'on en a.

Il n'en est pas moins sûr qu'en modifiant les
objets, en en supprimant, en en ajoutant aussi,
l'artiste transforme l'ensemble et qu'il en complète
l'expression, qu'il en achève le sens, si même il ne le
fait naître. La nature est souvent confuse, éparse,
les caractères principaux s'y dégagent mal. Alors
l'artiste peut achever de donner à un site la
noblesse, la grandeur, la tristesse, les qualités de
l'âme qu'il y trouve à l'état indistinct, aussi bien qu'il
peut lui donner par des modifications différentes et
analogues, l'éclat, la fraîcheur et les qualités de la
vie.

La composition, le balancement des masses, l'équilibre et la répartition des objets, une symétrie libre
et pas trop simple, pas trop exacte, l'ordonnance
des terrains, la profondeur de la perspective n'intéressent pas seulement l'intelligence. Le sentiment
y est engagé aussi. La majesté, la noblesse, la
grandeur, voilà des caractères qui s'y rapportent
directement; l'impression du sublime peut être aussi
suggérée par certaines formes de composition. Un
paysage bien ordonné est comme une âme humaine
maîtresse d'elle-même, où les passions sont con-

tenues, où la raison domine, où la force de la vie se traduit, non par l'impétuosité, par l'emportement, mais par le calme et l'équilibre. Les paysages de Poussin ont ainsi une âme noble, fière, grave et sereine dans sa force.

Le soin de la composition peut conduire l'artiste à la grandeur. Mais si ce soin reste superficiel, s'il ne nous paraît ordonner que des apparences, l'artiste aura peut-être en vain un assez beau talent. Il laissera trop apparaître la fabrication, la convention, la recette. Il fera penser aux « discours français » imposés à notre adolescence, où triomphent des formes abstraites, régulières et prévues, excellent exercice d'écolier, je crois, mais qu'il ne faut pas prolonger durant sa vie entière. On ne perçoit plus qu'une forme rationnelle, mais vide et morte. C'est une des raisons pour lesquelles devant un tableau on regrette parfois les études d'après nature, plus vraies, plus vivantes, plus savoureuses. Et l'œuvre d'art prend quelquefois l'âme de ces gens graves et solennels chez qui l'on ne sent ni sentiment ni pensée.

Le triomphe de la composition artificielle nous déplaît maintenant dans notre école française du XVIIᵉ siècle. Mais elle tient à un défaut que, sous une forme ou sous une autre, doivent présenter toutes les écoles. Il s'est formé au XVIIᵉ siècle un poncif de noblesse, comme au XIXᵉ, dans l'école de 1830, un poncif de rusticité, et comme il se forme dans l'école impressionniste un poncif de luminosité. Et l'on fait

de l'impressionnisme ou du néo-impressionnisme
d'après des recettes précises, comme on faisait avant
du paysage à la manière de Daubigny, ou autrefois
du paysage historique.

*
* *

Le souci de l'ordonnance n'est qu'un des moyens
de transfigurer la nature. Et tous ceux que nous
avons déjà reconnus chez les peintres qui créent un
monde nouveau, nous les retrouverons chez ceux qui
lui donnent une âme.

La transformation ne porte pas seulement sur
l'ordonnance, mais aussi sur la forme et sur la
couleur. La forme est d'ailleurs encore une ordonnance, et l'on compose un arbre un peu comme
l'ensemble d'un paysage, en supprimant des détails,
en en conservant, en en rectifiant d'autres, pour
donner à l'arbre le caractère qu'on lui souhaite. On
transforme le ciel en faisant prédominer telle ou
telle couleur, telle ou telle forme, tel parti pris
d'éclairage, tel ou tel genre de couleurs ou tel ou
tel genre de formes. L'artiste altère ainsi, avec une
méthode qui peut être inconsciente, les couleurs et
les formes pour créer un monde et lui insuffler une
âme. Chacun, en créant son monde, lui donne ainsi
une âme de tristesse ou de joie sereine, de grandeur
ou de mélancolie, une âme somptueuse ou simple,
tragique ou résignée. Et il suffira sans doute, pour
rappeler des œuvres significatives, de citer pêle-

mêle Poussin et Claude, Turner, Corot, Delacroix, Gustave Doré, Lebourg, Roussel et Vuillard.

La simplification et la généralisation interviennent ici. J'en ai déjà suffisamment parlé pour n'avoir pas à beaucoup insister encore. Négliger beaucoup de détails pour mieux rendre les grands caractères de la nature, ses lignes dominantes, ses couleurs essentielles, cela est indispensable à tous. Mais ce procédé s'affirme très énergiquement chez certains peintres, tandis que d'autres, au contraire, nous frappent et généralement nous ennuient par leur souci de minutie et leur désir d'être complets. Ceux-ci sont généralement les moins expressifs, comme il est naturel. De plus, ces lignes et ces couleurs qu'on veut rendre prépondérantes sont bien souvent des lignes, partiellement au moins, introduites par l'artiste dans la nature, des couleurs que son imagination lui suggère plutôt que sa vision ne les lui impose.

Par là, l'artiste fait, ainsi que le savant, mais d'une tout autre manière, une œuvre d'abstraction et de généralisation. Il y ajoute cette transfiguration de la nature sans laquelle il ne serait qu'une manière de savant, et avec laquelle le savant ne serait qu'un artiste dévoyé. Et le peintre agit comme le poète ou le romancier. Molière, Balzac, Flaubert, Zola créent des types en nous montrant, chez un personnage, la prédominance d'un sentiment qui inspire tous ses actes, en éliminant presque tout ce qui ne se rattache pas à la tendance ou au groupe de tendances

6.

qui dominent. C'est par un procédé analogue que le peintre nous fait connaître l'âme de sa nature. Lui aussi fait dominer telle forme, telle couleur, telle harmonie, et comme le romancier, s'il s'écarte des caractères dominants, c'est pour les souligner, ou les rendre plus vraisemblables, les marquer de réalité, en faire ressortir la valeur. Il y a ainsi beaucoup de peintres qui affectionnent une couleur et la rendent généralement dominante et choisissent, comme particulièrement expressive, une gamme de tons; d'autres se plaisent à certaines harmonies, à certaines oppositions, à certains jeux de nuances. Il est incontestable que le choix des couleurs et la façon de les associer, la distribution de la lumière, donne une expression particulière aux œuvres d'artistes comme Poussin, Ruysdaël, Delacroix, Pointelin ou Lebourg.

*\
* *

Deux peintres installent leurs chevalets devant un même site. Leurs peintures ne se ressemblent pas. On y pourra reconnaître les mêmes arbres ou les mêmes rochers, mais le caractère, le sens de l'œuvre, l'impression suggérée sera différente et peut-être différera profondément. C'est que les deux artistes, s'ils n'ont pas « vu » très différemment la nature, l'ont différemment sentie, différemment comprise, différemment rendue. Chacun l'a interprétée et traduite dans le sens de sa personnalité, simplifiant à sa façon, transformant, même inconsciemment, à sa guise. Et c'est en ce sens qu'un paysage peint est une conception du monde.

Conception d'un monde réel, conception d'un monde imaginaire et créé par l'artiste. Celui-ci mettra en évidence la fermeté du sol, la densité des feuillages touffus; cet autre comprendra le monde comme un ensemble d'apparences baignées dans une atmosphère lumineuse. Mais un autre encore créera un monde doux ou triste, ou bien un monde éclatant et resplendissant, qui n'existe que par lui. Je tâcherai de dire tout à l'heure comment quelques artistes, comment des écoles ont compris la nature et quelles conceptions du monde ils ont réalisées. Mais on voit bien d'emblée que le monde de Ruysdaël n'est pas celui d'Hobbema ou de Cuyp, que le monde d'Harpignies diffère profondément de celui de Turner ou de Gustave Moreau, que le monde de Pointelin est distinct du monde de Lebourg.

Par là, la peinture de paysage nous offre autre chose que le plaisir de l'œil, autre chose que le plaisir d'une belle exécution, qui d'ailleurs doit toujours être présent, autre chose que le plaisir naturel que nous donne un site intéressant, autre chose même qu'un sentiment humain de tristesse ou de joie, de vigueur ou de délicatesse, de rigueur ou de bonté. Elle peut nous apporter, en plus de tout cela, un plaisir d'ordre abstrait, poétique et philosophique à la fois, je dirai presque, en certains cas, d'ordre religieux, ce genre de plaisir qui accompagne les belles

idées générales et qui pourtant, ici, sort d'une
vision concrète et ne saurait s'en dégager complètement. Et il semble que la peinture de paysage, trop
dédaignée par les esthéticiens, peut arriver, par
d'autres chemins et sur d'autres cimes, aussi haut
que n'importe quel genre de peinture.

En quelque sens qu'on veuille entendre le « style »,
il peut s'y réaliser. Tout bon artiste a son « écri-
ture » personnelle, ses associations favorites de
lignes et de couleurs, sa façon personnelle de rendre
la réalité, de la traduire ou de la créer, et il a aussi
une technique particulière. Et par là il a donc un
style.

Mais si l'on veut trouver dans le style l'expression
d'un caractère général, d'une qualité abstraite,
extraite des données de l'expérience ou de l'imagination concrète, épurée, concentrée, rendue visible
à tous par les procédés spéciaux du peintre, qui ne
voit que c'est, au fond, à peu près la même chose
qu'on exige, et qu'il suffit, pour satisfaire à cette
définition nouvelle, de regarder les résultats au lieu
de s'attacher aux moyens? Styliser un paysage, ce
sera donc en exprimer spécialement une qualité ou
quelques qualités que le tempérament particulier
d'un artiste lui fera choisir de préférence aux autres.
Il les développera, les inventera au besoin, négli-
gera, écartera ce qui pourrait leur nuire. Et le paysage pur ne le servira pas moins, pour cela, que le
paysage historique. Le charme de Corot, le tragique
de Ruysdaël, la sévère noblesse de Poussin, voilà

autant de styles, et voilà autant de conceptions différentes de la nature, autant d'idées senties et fixées
sur le bois ou la toile[1].

* *
*

Je ne verrais donc rien d'excessif à dire qu'une
tempête de Ruysdaël est d'un art aussi haut que les
Bergers d'Arcadie de Poussin, et je ne parle que de la
forme d'art sans discuter les mérites respectifs des
œuvres. Il serait assez intéressant, pour préciser les
idées, de comparer les figures et les paysages d'un
même peintre, mais cela ne va pas sans difficultés,
car un peintre ne montre pas d'ordinaire le même
génie dans des genres très différents. La figure
triompherait trop aisément avec les Italiens et le
paysage avec Corot, dont les nymphes et même les
« Madeleine » et les « Femme à la perle » restent infé-
rieures à ses arbres, à ses eaux, à ses champs, encore
que la vogue leur soit revenue, avec justice d'abord,
et ensuite, je le crains, avec quelque exagération.

Mais *Dante et Virgile aux enfers* de Delacroix nous
émeut autant par le milieu que par les personnages,
et pareillement *Ulysse raillant Polyphème* de Turner.
Et dans la *Bethsabée* de Gustave Moreau, c'est le
jardin qui doit, il me semble, nous toucher le plus.

---

1. Pour la question générale du « style », voir Charles Blanc,
Grammaire des arts du dessin, Eug. Véron. *Esthétique*. Part. 1,
ch. VIII. Séailles. *Essai sur le génie dans l'art*. Ch. VI, p. 215 et
suiv. (Paris, F. Alcan.) L. Juglar. *Le style dans les arts et sa signification historique*. Ch. III, IV et V.

La femme est jolie, mais un peu lourde, un peu
gonflée aussi, ni voluptueuse, ni chaste, ni rien
d'autre en particulier, ni même très vivante. Le roi
David est trop éloigné pour être plus qu'une indica
tion. Mais le parc touffu étale ses verdures mysté-
rieuses et envahissantes, librement poussées, où
volent d'étranges oiseaux rouges ou bleus. Et c'est
lui qui donne un sens et une âme au tableau, c'est
lui qui fait rêver de voluptés cachées et troublantes,
de joies incertaines et menacées, vives et perverses,
s'épanouissant dans la solitude[1].

Je dirais encore volontiers que le *Printemps* de
Millet est plus expressif que ses *Glaneuses* et que son
Eglise de Gréville est d'une piété supérieure à celle
des personnages de l'*Angelus*, plus profonde et plus
pénétrante. Je citerais aussi deux tableaux de
M. Cottet que nous retrouverons tout à l'heure. Et
surtout peut-être j'invoquerais le cas de Poussin.
Poussin est de nos jours très glorieux. Peut-être a-
t-on tendance à s'exagérer un peu son génie. Mais
s'il mérite, comme je pense, d'être admiré, ce n'est
pas tant pour ses figures, dont souvent les attitudes
sont assez fâcheusement conventionnelles, ou
l'expression outrée et grimaçante, que pour la
noblesse, pour l'austère grandeur, pour la sévère
tenue de ses paysages.

Charles Blanc, qui rabaisse à l'excès la peinture

---

1.   Je suis mystérieux comme un jardin fermé,

dit le Salomon de Hugo, et l'expression de ce vers est très analogue à celle du tableau de Moreau.

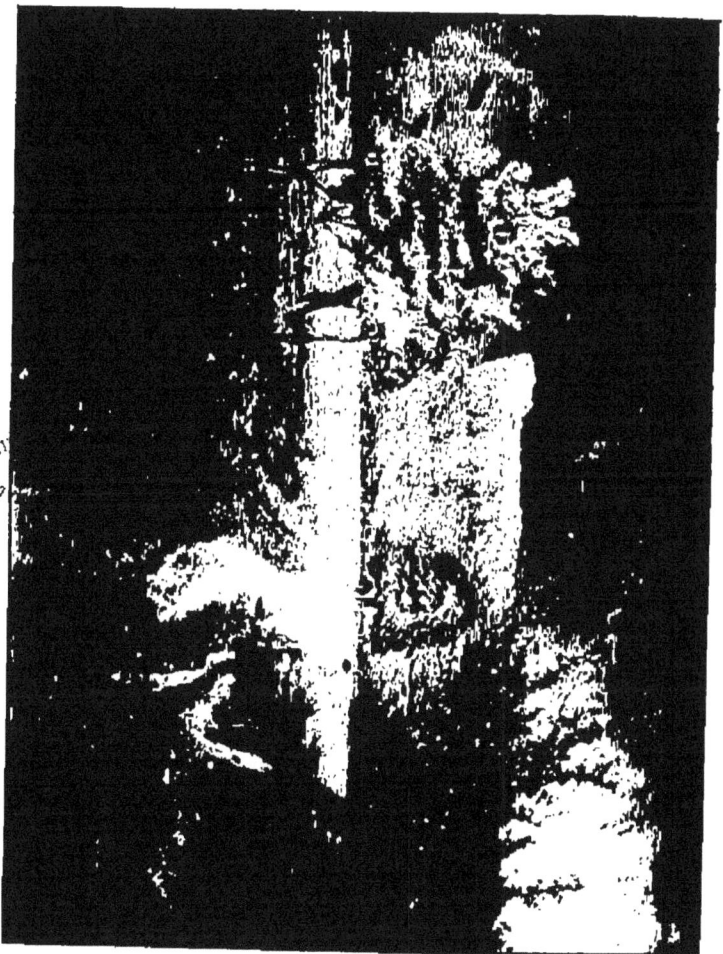

Musée du Louvre.

J.-F. MILLET. — Le Printemps.

Photo A. Giraudon.

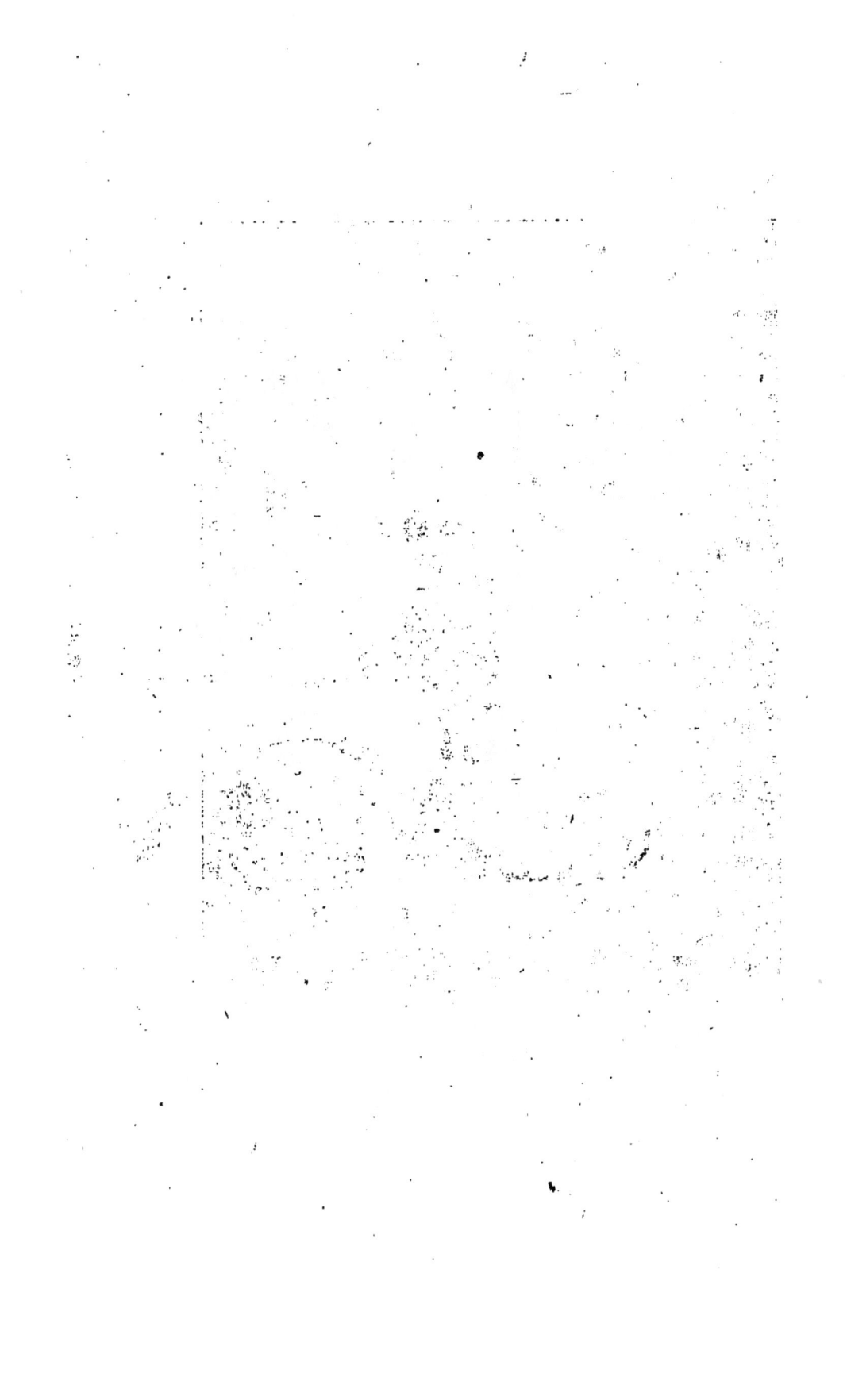

de paysage, accorde trop à ce moyen de le relever
qui consiste à y introduire l'homme ou à le laisser
deviner tout près, comme dans la coulisse. Il y a là
sans doute un élément d'intérêt, mais qui doit être
employé avec une extrême discrétion. Sans cela, on
retombe vite dans la sentimentalité banale, dans la
littérature, dans la déclamation, dans le rébus. Je
n'affirmerais pas que Millet ait toujours évité un ou
deux de ces défauts. Le *Diogène* de Poussin reste
plutôt indifférent, il n'ajoute à peu près rien à la
nature qui l'entoure, mais il n'y gêne guère. En
revanche les bergers d'Arcadie me sont franchement
désagréables. Charles Blanc lui-même, estimant que
Poussin avec eux a rencontré le sublime, est bien
obligé de reconnaître qu'il ne l'atteint pas par les
moyens spéciaux de la peinture. Et en effet, si nous
ne pouvions, nous aussi, lire l'inscription, le tableau
n'aurait guère de sens ni d'intérêt. Sans doute on en
pourrait retrouver la signification : des jeunes gens
près d'un tombeau, cela est facilement suggestif,
mais ne se rattache peut-être pas à une forme d'art
très haute.

*
* *

« Le paysage est un genre relativement moderne,
et dont l'importance s'est tout récemment accrue.
De grandes écoles l'ont ignoré ou ne s'en servaient
que comme d'une sorte d'accessoire. Le paysage
peut servir d'accompagnement plus ou moins heu-

PAULHAN. — Paysage.   7

reux, concourir à l'expression et la compléter; il n'empiète jamais sur le sujet et laisse toujours à la figure le rôle principal. Telle est du moins la doctrine admise par les maîtres de la Renaissance et pratiquée par eux avec les différences que comporte la diversité de leur génie[1]. »

Voilà une conception bien nette du paysage. Emprunté à la nature, puis transformé, stylisé, il sert à encadrer une figure, une scène religieuse, à en accentuer l'expression. Il y arrive, selon les intentions et l'habileté du peintre, soit par l'harmonie, soit par le contraste, comme un accompagnement musical arrive à faire valoir une mélodie. (Se rappeler, comme effet de contraste, l'exemple classique de la Sérénade de Don Juan.) Quelquefois aussi, le paysage garnit la toile simplement, sans donner un sens à la figure, mais en l'encadrant harmonieusement, en en détachant les lignes, en en faisant valoir les couleurs. Et il rappelle alors ces accompagnements des opéras italiens qui ont fait comparer à une immense guitare l'orchestre de certains compositeurs. La peinture de l'Ecole italienne, avec une valeur bien plus haute, n'est pas sans analogie avec les opéras de Rossini et de Verdi. Elle comporte, comme les airs qu'on y chante, une mélodie, un sujet principal bien délimité, assez précis et net, et un accompagnement qui le complète avec discrétion et qui peut arriver, en certains

1. Émile Michel, *Les maîtres du paysage*, p. 7.

cas, à nous intéresser par lui-même, mais sans passer au premier plan.

Et la peinture et la musique ont subi une transformation semblable. Je n'ose écrire une « évolution », car il ne me semble pas qu'on puisse employer ici ce mot avec précision. A la conception de la mélodie soutenue par quelques accords plaqués ou arpégés s'oppose la conception polyphonique. Ici chaque partie a plus de personnalité, plus de richesse. Aucune d'elles ne se subordonne sans cesse et systématiquement à toutes les autres. Mais tantôt l'une et tantôt l'autre se détache du groupe s'isole, mène le chœur. Et surtout elles s'unissent toutes dans un ensemble où leur personnalité ne disparaît pas, mais se transforme, s'adoucit ou s'exalte, et se subordonne non point à telle ou telle partie, mais à l'harmonie générale. La vie musicale devient ainsi plus riche, plus souple et plus compliquée. Des combinaisons s'ébauchent et se dénouent sans cesse, reparaissent ensuite comme transformées par leurs contacts mutuels. Et l'œuvre vit, elle forme un ensemble animé et comme un esprit où tout frémit, se transforme, disparaît et revient sans jamais cesser de former un être organisé, un ensemble. On se fait une idée assez nette de la différence des deux genres, comme aussi de la plus grande variété possible du dernier, en comparant *le Trouvère* ou *la Traviata* à la cinquième symphonie de Beethoven, à *Tristan et Isolde*, à *Pelléas et Mélisande*.

Il me paraît que le paysage contemporain ressemble

plus à une polyphonie qu'à une mélodie accompagnée. Bien entendu j'examine ici la forme générale du genre, non la valeur des artistes qui l'ont traité. Et quelque valeur qu'aient à mes yeux beaucoup de nos paysagistes, je n'ai aucun désir de prétendre qu'ils aient dépassé Léonard ou Rembrandt. Il faut donc ajouter à ce que je dis beaucoup de « toutes choses égales d'ailleurs », des atténuations, des complications et des nuances.

Il n'en reste pas moins que, dans le paysage tel qu'on le comprend aujourd'hui, le sujet est plus large, souvent moins serré, d'une ordonnance moins précise et moins rigoureuse, d'un sens moins strictement défini que dans la peinture de personnages. L'effet est peut-être plus divers et plus riche, plus indécis aussi, mais plus vaste, plus complexe, peut-être plus aisément subtil et pénétrant.

Le paysage se passe même très bien de ce que l'on entend en général par un « sujet ». Non seulement l'homme peut n'y point figurer, mais aucun objet naturel n'y prend forcément une place prépondérante. Quelquefois un arbre ou un groupe d'arbres, une mare, un rocher, y font figure d'élément dominateur et de principal personnage, mais cela ne constitue par une ordonnance bien rigoureuse du sujet, et d'ailleurs on peut s'en passer. Voyez, par exemple, *le Coup de soleil* de Ruysdaël, la *Vue prise aux environs de Paris* de Louis-Gabriel Moreau, *l'Espace* de Chintreuil, et beaucoup de tableaux contemporains trop nombreux pour qu'il soit utile

d'en indiquer même quelques-uns. La composition
y existe certainement, mais elle est d'un autre genre
que dans la peinture de genre ou dans la peinture
d'histoire. Je ne dis pas, d'ailleurs, que celles-ci ne
puissent obtenir quelques effets de l'ordre que
j'indique ici, je crois seulement qu'ils y sont moins
heureux, et en quelque sorte moins naturels, moins
appropriés au genre même.

*
* *

Par un renversement des rôles, il arrive parfois
que l'homme devienne, dans le paysage, un simple
accessoire. Et l'on reconnaîtra dans ce renversement le procédé qui valut déjà à Mozart le reproche
de mettre « la statue à l'orchestre et le piédestal sur
la scène ».

Chez Millet, le personnage domine souvent encore
le paysage, et pourtant il ne s'en détache pas absolument, il fait presque bloc avec lui, la mélodie ne
s'isole pas de l'accompagnement. Mais chez Corot,
chez Chintreuil, chez Daubigny, chez Jongkind,
chez Boudin, chez Pointelin, et chez les impressionnistes, l'homme, quand il se rencontre dans leurs
paysages, n'y tient souvent que la place d'un élément sans grande importance. Il contribue à l'effet
sans jouer un rôle prépondérant. Parfois il sert
surtout à fournir l'occasion d'une teinte colorée qui
relèvera la couleur un peu uniforme du tableau.
Corot, par exemple, aime à couper ses verdures

par la tache rouge d'un bonnet. L'homme peut ainsi, presque sans qu'on s'en aperçoive, finir par disparaître entièrement et nous laisser seuls avec la nature.

Il est un cas assez curieux qui mérite d'être signalé à part. C'est celui où l'être animé ne sert guère qu'à personnifier, à rassembler, dans une sorte de symbole, le paysage qui l'entoure. Déjà certains personnages de Millet peuvent en donner l'impression. Ils sont là pour préciser l'effet, pour faciliter la compréhension du tableau. On en relèverait des exemples chez Chintreuil, chez Corot, chez Pointelin, chez le Sidaner. Mais le sens du procédé s'affirme plus nettement encore quand le personnage, au lieu d'être pris dans le réel, est une création de l'imagination, quand le peintre l'invente, ou, le prenant dans quelque tradition, le transporte dans un paysage qui se réfléchit et se concentre en lui.

Je ne sais si G. Moreau a créé son parc pour sa Bethsabée. Je crains qu'il l'ait fait, et je préférerais croire qu'il a créé Bethsabée pour le parc, afin de diriger, de préciser les sentiments et les images évoqués par le site. Et j'aimerais mieux, je crois, que Corot n'eût pas peuplé de nymphes quelques-uns de ses tableaux; mais ce qui peut les rendre acceptables, c'est que leur grâce légère, leur gaîté douce, semblent une émanation de la nature fraîche et si caressante qu'inventa Corot et qu'il leur donne pour logis. Les personnages mythologiques dont K.-X. Roussel peuple ses harmonieuses visions de

pays nobles et décoratifs, aux teintes douces et
d'accord riche et discret à la fois, s'accordent encore
mieux avec l'ensemble de l'œuvre. Ainsi le personnage est devenu une sorte de produit, une émanation de la nature. Le chant, pour reprendre notre
comparaison, sort à présent de la polyphonie même,
il ne sert qu'à la condenser, à l'exprimer, à y introduire un ordre et un sens plus précis, sans prétendre
à la dominer, et même en se subordonnant à elle.
Et je maintiens d'autant plus volontiers cette comparaison qu'après m'en être servi j'ai eu le plaisir de
retrouver dans Berlioz une indication tout à fait
analogue à celle que je viens de donner pour la
peinture et se rapportant à une œuvre célèbre de
Beethoven, la sonate pour piano en ut dièse mineur.
« La main gauche, dit Berlioz, étale doucement de
larges accords d'un caractère solennellement triste,
et dont la durée permet aux vibrations du piano de
s'éteindre graduellement sur chacun d'eux; au-
dessus les doigts inférieurs de la main droite arpè-
gent un dessin d'accompagnement obstiné dont la
forme ne varie pas depuis la première mesure
jusqu'à la dernière, pendant que les autres doigts
font entendre une sorte de lamentation, *efflorescence
mélodique de cette sombre harmonie*[1]. » Le rapport de
la mélodie à l'harmonie est ici le même que le rapport du personnage au paysage dans les tableaux
que je signalais tout à l'heure, et les analogies pro-

---

1. Berlioz, *A travers chants*, pp. 65-66. Les derniers mots ne sont
pas en italique dans le texte.

fondes des deux grands arts sont ici bien visibles.

On rend ainsi à la figure, non point sa prépondé-
rance, mais une plus grande importance. Seulement
elle ne la tire pas d'elle-même, elle l'acquiert par le
paysage, elle ne s'élève qu'en se subordonnant, et
c'est ainsi qu'elle peut participer à la profonde harmonie qui se symbolise par elle. D'ailleurs, si le procédé est bon, il n'est nullement nécessaire. Je ne
crois pas que les paysages de Corot y aient sensiblement gagné. Il a peut-être mieux enrichi ceux de
Roussel et aussi ceux de René Ménard. Beaucoup
de peintres s'en sont ordinairement ou presque toujours passés sans aucun dommage. Il me paraît
convenir surtout au genre symbolique ou au genre
décoratif.

III

Si la peinture de paysage atteint à la poésie
humaine, à la poésie philosophique, au style, au
« grand art » (et il est bon de conserver cette expression), tous les genres de peinture peuvent-ils y prétendre aussi, et, par exemple, la nature morte?

Le cas n'est vraiment pas le même. Les objets
inanimés que reproduit en ce cas le peintre n'ont
nullement une vie semblable à celle des bois et des
champs. Ils sont à la fois beaucoup plus près et
beaucoup plus loin de l'homme, trop près et trop
loin. Trop loin, car ils ne le rappellent en rien par
leur nature propre; trop près, car ils l'évoquent par

allusion parce que c'est l'homme qui les a fabriqués, préparés, maniés. Ils ne vivent pas, ils sont un produit de la vie humaine. Ces deux raisons les condamnent à un rôle forcément secondaire en art.

Ils peuvent valoir picturalement par leurs qualités apparentes : la solidité, la fragilité, la grâce des lignes, l'éclat. Ces qualités ne nous font pas penser ni sentir profondément, mais elles peuvent amuser l'œil. De plus elles se prêtent à la manifestation de l'habileté du peintre, elles s'y prêtent en un sens d'autant mieux que les qualités techniques y deviennent, en général, la grande affaire, et que les peintres de nature morte ne tâchent guère, en général, de dépasser la réalité que de ce côté-là. Il en est qui arrivent à une éclatante virtuosité. Antoine Vollon, dans ses natures mortes, est même un poète, si l'on veut, un poète dans le genre de Th. Gautier, si l'on pense à quelques pièces d'*Émaux et Camées* (dont le titre est bien « nature morte »), avec moins de sentiment et de pensée encore; ou de Leconte de Lisle dans ses poésies purement descriptives, un poète par le rendu, par la facture, par la richesse éclatante ou discrète de la couleur, par la maîtrise de l'exécution.

La nature morte peut valoir encore par l'évocation de la vie humaine. Mais elle ne se hausse péniblement ainsi vers la poésie que par des allusions trop indirectes, trop extérieures, trop visibles, trop voulues. L'effet reste plutôt littéraire que vraiment pictural. L'émotion que peut donner une hache san-

7.

glante posée près d'un billot rougi est trop artificielle. Il n'y a rien là qui ressemble à la vie propre
des champs et des bois telle que nous la fait sentir
un beau paysage. Ce n'est pas la nature propre des
choses qui est en jeu, c'est une sorte d'accident qui
n'intéresse que la superficie et l'apparence. Ce genre
d'allusion a pourtant été recommandé dans des
traités techniques. Je ne pense pas qu'un artiste
gagne beaucoup à l'employer, j'entends au point de
vue de l'art. Des marrons d'Inde dans un seau posé
par terre, à côté une petite pelle de bois, j'ai vu ce
tableau. Évidemment on pense qu'un enfant jouait
là tout à l'heure. Et chacun sait que l'idée d'un
enfant est attendrissante par elle-même. Si l'imagination s'échauffe, on peut bien supposer qu'il a été
enlevé, volé, assassiné, écrasé par une automobile,
et le tragique apparaît... Cette occasion de rêver à
des faits divers n'a rien de très artistique.

Pourtant n'allons pas trop loin. Chardin a pu,
sans sortir de l'art, donner une âme à ses natures
mortes. Une âme bourgeoise et paisible, honnête,
modeste et confortable. Et comme il arrive à son
effet par des qualités de métier très hautes, par sa
couleur douce, un peu éteinte et comme attendrie,
par son modelé très sûr sans raideur et sans sécheresse, par l'harmonie discrète de l'ensemble, comme
son œuvre dégage une expression pénétrante d'intimité recueillie, comme il paraît y avoir traduit son
âme aussi, cela lui donne une place à part. On peut
rêver un peu devant la brioche et le flacon de vin de

la salle Lacaze. Chardin fut un poète aussi, un poète supérieur à Coppée, très habile ouvrier, mais de sensibilité peut-être moins profonde et plus mêlée de retours, — un poète à peu près au niveau du Victor Hugo des *Pauvres gens*, avec des différences qu'il serait superflu de détailler.

Les fleurs, les animaux amènent de semblables remarques. Un bouquet peut évidemment éveiller des impressions de grâce frêle, de vie brisée, ou bien de fraîcheur éclatante et de richesse épanouie, ou bien encore de charme subtil et mystérieux. Diaz, Fantin Latour, Odilon Redon ont fait avec les fleurs de la vraie poésie. Mais les effets à en tirer sont forcément un peu courts et restreints, pas très variés. Les animaux peuvent certainement être des occasions d'évoquer des sentiments ou des idées. Mais, comme les sujets de nature morte, quoique pour d'autres raisons et d'une autre manière, ils sont à la fois trop loin et trop près de nous. Ils ne nous ressemblent pas assez pour que nous retrouvions en eux ce qui nous intéresse le plus dans l'être humain, ils nous ressemblent trop et avec trop de précision pour l'évoquer indirectement sans heurt, pour garder la poésie haute, lointainement évocatrice, large et pénétrante du paysage. Les lions et les tigres de Delacroix, et, dans un art différent, les animaux de Barye semblent donner à peu près tout ce qu'on peut espérer.

Les genres secondaires de peinture méritent assurément d'être considérés comme autre chose qu'un

simple exercice, et une occasion d'apprentissage.
Peut-être aussi faut-il admettre qu'un génie imprévu
puisse en tirer quelque jour des effets nouveaux. Il
semble en tout cas que cela doive rester une exception précieuse, curieuse et un peu inquiétante.

*
* *

Le paysage a toujours trouvé des incrédules.
Michel-Ange lui fut très sévère jadis. Mais en somme
il ne pouvait que juger sur des témoignages insuffi-
sants un art qui n'était pas le sien. Si grand artiste
qu'il fût par ailleurs, il est permis de ne pas être
de son opinion sur ce point. De nos jours encore
M. Péladan, esthéticien intéressant que je lis toujours avec plaisir et dont j'admire la foi artistique
sans partager toujours son goût et ses opinions,
persiste à tenir le paysage pour un genre inférieur
et à se montrer fort hostile même aux premiers
impressionnistes. Il honore cependant le paysage de
style, à la Poussin, et l'accueillait même, si je ne me
trompe, aux salons de la Rose-Croix. Je voudrais
avoir montré que le style, l'âme, la poésie ne relèvent
pas seulement le paysage historique classique, mais
aussi le paysage de Corot et le paysage de Pointelin,
et celui de Cottet, et celui de Lebourg, et ceux
d'autres grands artistes qui se sont inspirés de la
nature pour l'humaniser autrement que par l'évocation directe de l'homme, pour dégager son âme
ou pour la créer, pour la dépasser, en somme, d'une

manière ou de l'autre et dans différentes directions.

Et je reviens encore à la magie de l'art et je la vois s'affirmer, se préciser, s'étendre de plus en plus. L'homme naïf qui dans les grottes de l'époque magdalénienne sculptait le renne pour s'en assurer la capture est bien dépassé. Nos artistes nous ont donné des biens plus précieux que le butin de la chasse. Ils nous ont rendu la nature, ils nous ont fait participer à sa vie, ils nous ont ouvert son âme exquise et puissante, ils nous y ont fait pénétrer. Et dans cette âme nous avons retrouvé la nôtre, avec ses joies et ses tristesses, ses aspirations et ses craintes, et nous y avons aussi découvert, enveloppées dans une forme transparente et séduisante, nos idées les plus hautes et les plus vastes. Ce sont des mondes nouveaux qu'ils nous ont révélés, et par delà l'âme de la nature et par delà l'âme humaine nous y trouvons encore peut-être quelque chose qui les dépasse, une vie plus universelle, moins précise et plus large.

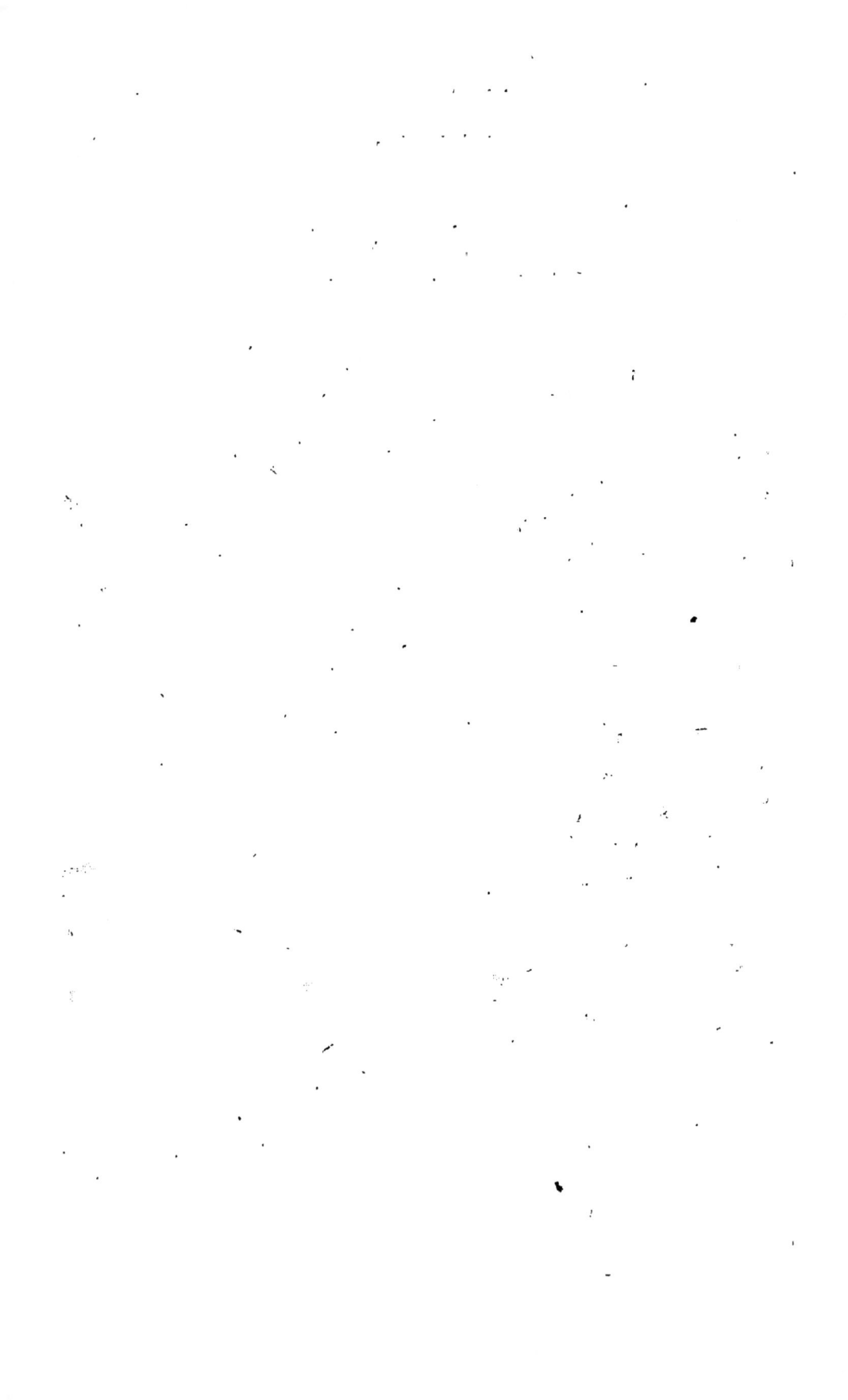

DEUXIÈME PARTIE

LES RÉALISATIONS

———

CHAPITRE I

QUELQUES MONDES

Je voudrais maintenant appuyer sur des faits plus nombreux les considérations abstraites qui précèdent : cela permettra peut-être d'en développer quelques-unes, et après avoir indiqué, avec quelques exemples, ce que l'art peut faire, il convient de rappeler ce qu'il a réellement fait, non point tout ce qu'il a fait dans le genre qui nous intéresse, mais quelques parties significatives de son œuvre. Il n'est nullement question de faire ici une histoire ou un exposé de l'art du paysage, mais simplement de montrer quelques-uns des cas où l'art a prouvé cette sorte de magie évocatrice et créatrice que je viens d'analyser. Pour cela, je m'adresserai à des artistes d'écoles et d'époques diverses, surtout aux modernes et aux contemporains; nous les entendons, en général, plus spontanément, nous sentons et nous pensons plus exactement comme eux. Et cela sans doute n'est pas

toujours vrai, il s'en faut, mais cela est vrai bien
souvent. Et j'ai surtout à présenter cette raison
valable, que le paysage est un art moderne et que,
depuis près de cent ans, il a eu chez nous un singulier épanouissement. Il a inspiré de nombreux artistes
et suscité quelques belles écoles.

Tout d'abord, écoutons ce que disent quelques
tableaux, tâchons de bien voir et de pénétrer les
mondes différents qu'ils ouvrent à notre sensibilité
et à notre intelligence.

* * *

J. RUYSDÄEL

Une tempête sur le bord des digues de Hollande.

Un grand ciel sinistre et plombé, où s'amoncellent
d'épais nuages noirs et lourds, laissant entre eux
une éclaircie. Sous ce ciel une mer sombre et bou-
leversée où se posent quelques clartés livides. Les
vagues se ruent furieusement contre le rivage qu'elles
lapident de leur écume blanchâtre. Non loin dans
les terres, une chaumière se tapit derrière des arbres
abrités par l'estacade envahie. L'ensemble est d'une
harmonie puissante et sévère que relèvent seulement
un coin de ciel bleu entrevu dans une trouée des
nuages dont l'épaisseur s'éclaire plus vivement, un
voile rouge et deux pavillons, l'un rouge, l'autre tri-
colore, accrochés aux mâts de vaisseaux qui résis-

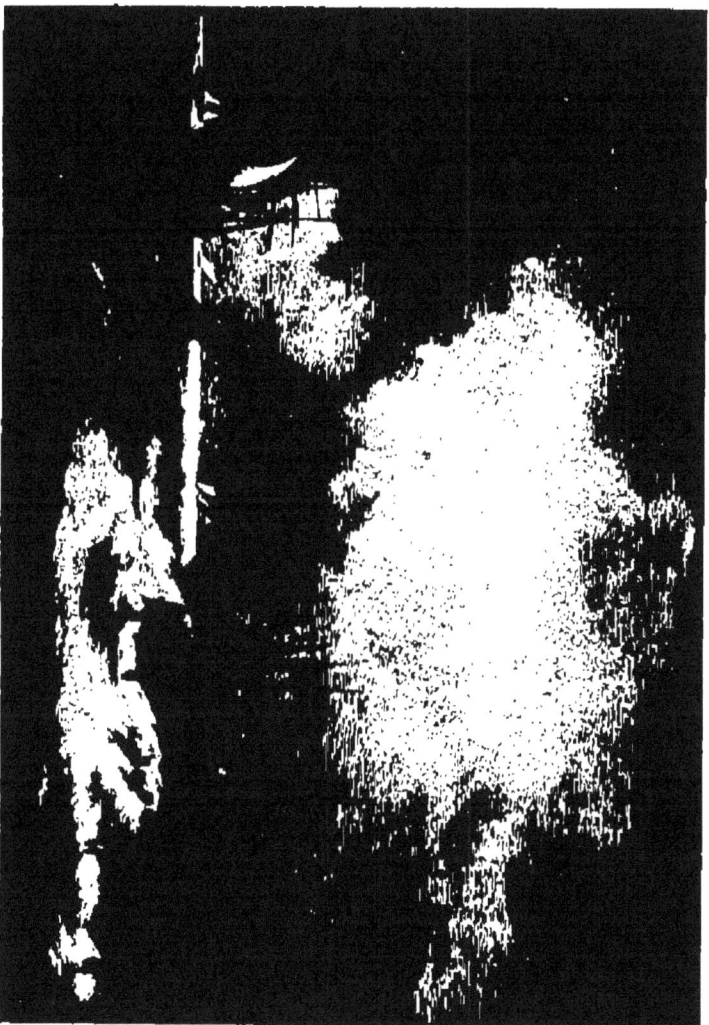

Photo A. Giraudon.

J. RUYSDAEL. — *Une tempête sur le bord des digues de la Hollande.*

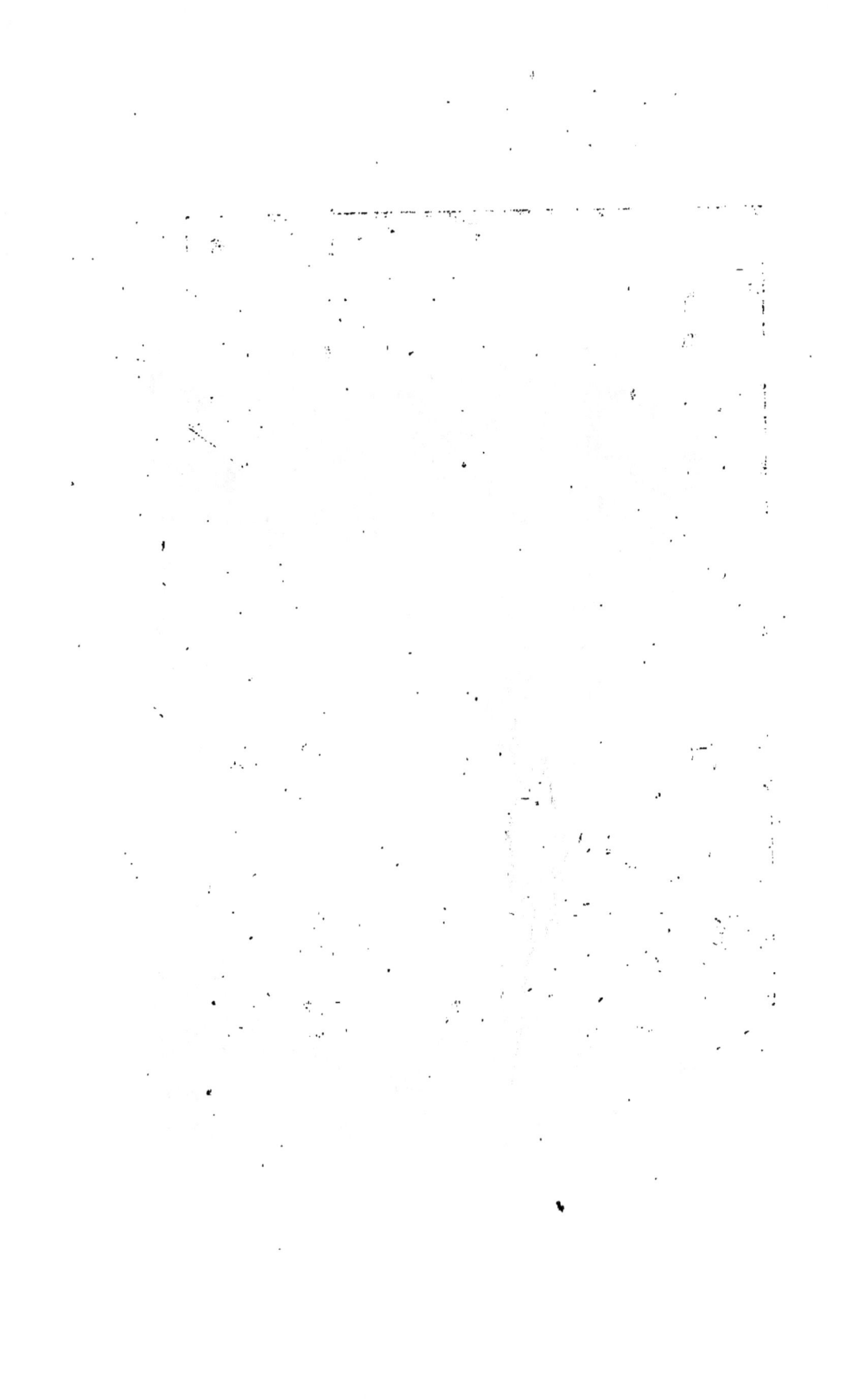

tent encore ou s'abritent de leur mieux près du rivage.

Cela est grandiose et saisissant. La nature nous apparaît comme une puissance terrible et déchaînée, aveugle et menaçante, en face de l'homme faible et petit. On voit à peine l'homme, mais la chaumière et les bateaux l'évoquent. Et la chaumière est bien menacée derrière l'estacade si violemment attaquée, et les bateaux sont secoués par la tempête. Malgré tout l'un d'eux paraît encore résister fièrement, et la chaumière garde son apparence humble et paisible. Et nous percevons d'un coup d'œil la force indifférente et sauvage de la nature, la petitesse de l'homme et sa grandeur, sa vie modeste et toujours en péril, s'abritant de son mieux dans l'œuvre du travail humain, se défendant par son industrie et son courage. Et c'est une conception de la nature et de l'existence qui nous est donnée.

*
* *

CHINTREUIL

Vers le soir.

Le soir tombe. Des nuages gris couvrent le ciel. Vers l'horizon deux bandes jaunâtres s'éclairent encore des rayons fuyants et affaiblis du soleil et les laissent filtrer sur les bois indistincts du coteau grisâtre et allongé qui ferme la vue et sur lequel ils glissent. En avant, à droite, un autre coteau sur

lequel serpente un chemin herbu, où les ornières et
la terre jaunâtre dénudée disent les passages de rares
charrettes et de quelques passants. Et ce chemin
qui suit et contourne le coteau traverse un pré vert
tendre et s'enfonce sous le feuillage assombri des
pommiers qui verdissent le fond de la vallée et le flanc
des coteaux. Personne : la nature et le soir. Aucun
éclat de couleurs. Sous le gris du ciel et ses plaques
lumineuses, le vert noirâtre des pommiers, le vert
plus clair du pré, les raies jaunâtres du chemin
s'unissent en une harmonie discrète et profonde.
Tout est tranquille et comme ouaté. L'apaisement de
la nuit éteint la vivacité des teintes, et les couleurs
paraissent silencieuses. Les formes s'estompent dans
le soir et l'ombre monte de la vallée.

C'est un monde d'intimité un peu timide, de douceur attendrie, de calme et de repos, mais non de
repos définitif. C'est une halte dans la vie qui s'annonce. Cette nature n'a pas la sérénité formidable
ou ridicule des êtres qui se croient sûrs d'eux-
mêmes et sûrs de leur destin. Ce soir qui tombe
n'a rien d'équivoque ni de troublant. C'est un soir
de rêve mélancolique et pur en attendant le matin,
le réveil et la lutte. Où mène ce sentier? Vers on ne
sait quel mystérieux infini? vers la clarté mourante
du soleil, à travers la sombre vallée, sous les
menaces et les espoirs du ciel nuageux et lumineux
encore? Ou simplement vers la chaumière où va
s'allumer la lampe qui réunit, quand la nuit tombe,
ceux que le jour dissémine? On ne sait; on rêve et

CHEVREUIL. — *Vers le soir.*

Cliché Vossemann.

l'on aime ce monde si délicieusement apaisé, si plein
de saveur et de finesse dans sa mélancolie à peine
inquiète.

*
* *

AUG. POINTELIN

Côtes du Jura.

Allons au Luxembourg, entrons dans la salle qui
s'ouvre au fond de la galerie de sculpture. A côté de
la porte qui ouvre les autres salles de peinture, vous
verrez un tableau qu'un visiteur distrait ou incompé-
tent peut ignorer, car il n'attire l'œil ni par le piquant
du sujet, ni par l'éclat de la couleur. Regardez-le de
près, vous n'y distinguerez guère que de longues
traînées de couleur grise, brunâtre ou vaguement
violacée, vous y pourrez reconnaître une facture
large et simple, franche et sûre, mais sans voir ce
qu'elle a produit. Reculez de trois ou quatre pas,
tout s'anime, tout vibre. Une mare s'étale, un
arbuste, un buisson se dressent, des herbes poussent
librement sur un sol inégal, des coteaux éloignés
barrent l'horizon et sur leurs flancs des forêts s'indiquent. Tout cela se précise, vous croyez distinguer
les tiges des herbes et percevoir les moindres aspé-
rités du sol. Une vie humble et libre circule partout,
vous participez à la vie géologique de la terre, à la
vie végétative des buissons. Par-dessus tout cela un
grand ciel lumineux, léger et profond reflète les der-

nières clartés du soir et les épand encore sur la terre.
Et vous savez immédiatement que l'auteur du tableau,
M. Aug. Pointelin, est un artiste personnel et supérieur, un paysagiste habile et sincère, et vous sentez
aussi en lui un créateur et un poète.

C'est que de ce site pauvre et presque nu, de ce
sol, de cette mare, de ces herbes, de ce ciel si simplement mis devant nos yeux, une âme se dégage,
une âme de tristesse fière et résignée, d'indépendance un peu âpre, de grandeur un peu sauvage.
Cette terre est sereine et triste, ce ciel est un ciel de
justice et de clarté. Et nous voyons et nous sentons
à la fois un monde qui ne ressemble à aucun autre et
que l'artiste a créé. Une conception de l'univers, une
conception de la vie apparaissent à travers le coin de
la nature qui nous est représenté. Et je ne retrouve
guère d'impression, non point identique, mais analogue à celle qu'il nous donne, que chez le poète de
notre xixᵉ siècle dont la sensibilité fut peut-être la plus
hautainement élevée, la plus contenue et au fond la
plus sympathique :

> Si tu peux, fais que ton âme arrive,
> A force de rester studieuse et pensive,
> Jusqu'à ce haut degré de stoïque fierté
> Où, naissant dans les bois, j'ai tout d'abord monté.

Les paysages de M. Pointelin parlent un peu
comme le loup de Vigny, avec cependant un ton
plus adouci, moins d'âpreté, moins de rudesse, une
mélancolie plus aisément sereine. Et, bien qu'il ne
pousse guère chez lui « une épaisse bruyère », je ne

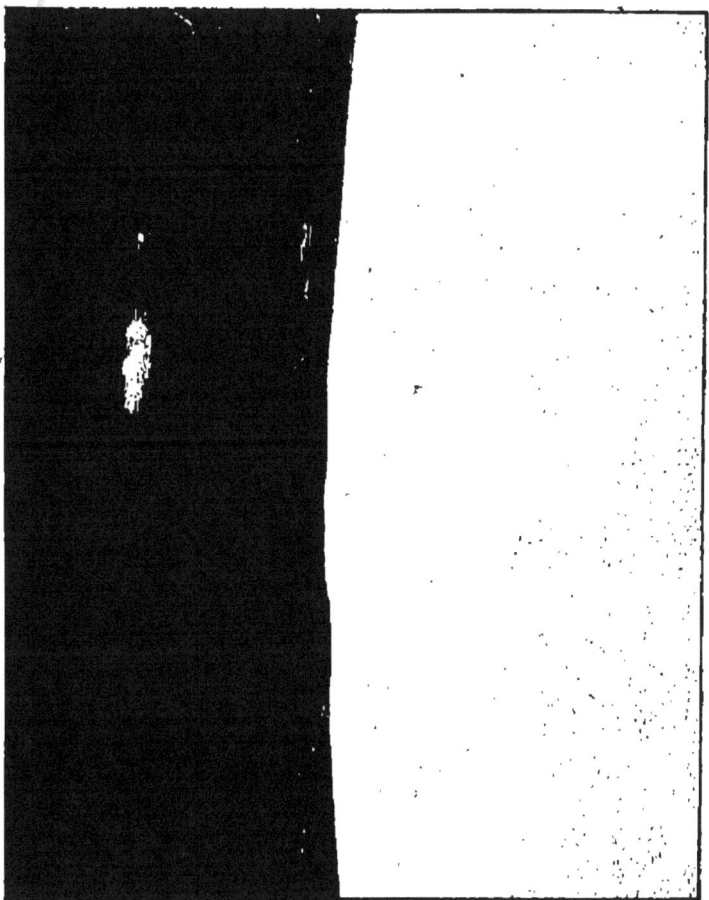

8

Musée du Luxembourg.

AUG. POINTELIN. — Côtes du Jura.

Photo A. Giraudon.

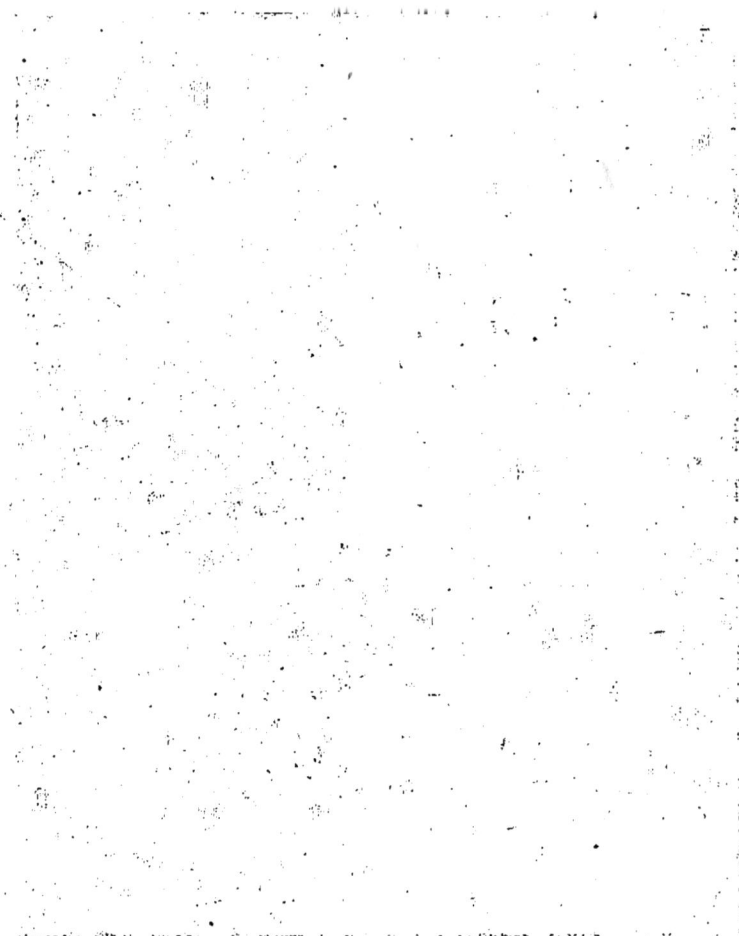

connais pas de pays où le poète eût plus volontiers roulé sa « maison du berger ».

Et je ne crois pas qu'on puisse mettre plus d'émotion et plus de pensée dans un beau paysage que n'en a mis M. Pointelin dans le sien.

*
* *

A. LEBOURG

Notre-Dame de Paris au printemps.

Voici un monde tout différent que nous présente M. Albert Lebourg : Notre-Dame de Paris au printemps. La vieille cathédrale sort de sa gaine de verdure, domine le fleuve et ses rives. Sur la berge en bas, des tonneaux s'alignent, maniés par des ouvriers, tandis qu'un homme décharge une charrette. A droite le ponton, où accoste un bateau, et la Seine; à gauche un pavillon de briques contre le mur du quai, au fond un pont, et, dans le lointain, les maisons qui bordent la Seine. Tout cela est noyé dans la vapeur douce d'une belle matinée de mai ou de juin. Et une harmonie délicate, d'une rare suavité, sort de l'union où se fondent les tons bleuâtres des toits de la cathédrale, des bâtiments de la Morgue et des maisons lointaines, le vert bleuté des arbres et du fleuve, le gris bleu plus décidé des fonds de tonneaux. Cet accord se relève, se complique, se réchauffe par les tons jaune roux ou tirant sur le rouge qui éclairent les dos ensoleillés des tonneaux et la cabine du ponton, et surtout à droite par la vigoureuse couleur foncée du bateau sur laquelle tranche à l'avant une bande d'un rouge assez intense et par son blanc panache de fumée, à gauche par le ton plus adouci du pavillon de briques, en haut par la teinte rosée discrètement épandue sur les nuages les plus élevés, tandis que l'horizon reste d'un gris à peine teinté de bleu. Nulle sécheresse, les formes se modèlent dans des contours un peu indécis et les couleurs, d'un charme singulier, semblent se pénétrer et se fondre.

Un autre peintre aurait pu trouver dans ce sujet les éléments d'un tableau à idées et à contrastes. En bas, la vie humaine, le travail quotidien, l'humble réalité. Au-dessus la Morgue évoquant l'idée de la mort nécessaire, surtout de la mort vulgaire ou tragique, dans l'abandon, dans le désespoir, dans le crime. Plus haut encore, la haute cathédrale dressant vers le ciel l'espoir inébranlable de l'homme ou sa tenace illusion, dominant la mort comme la mort domine la vie. Quelque symboliste aurait pu tirer de là une œuvre prétentieuse peut-être et peut-être curieuse aussi. M. Lebourg ne s'est nullement soucié d'une interprétation de ce genre et son œuvre, toute différente, n'en vaut pas moins et même n'en a pas moins de sens. Il n'en sort pas moins un sentiment particulier de la vie, une idée particulière du monde, et nous ne les devrons à aucune recherche d'ordre littéraire ou philosophique,

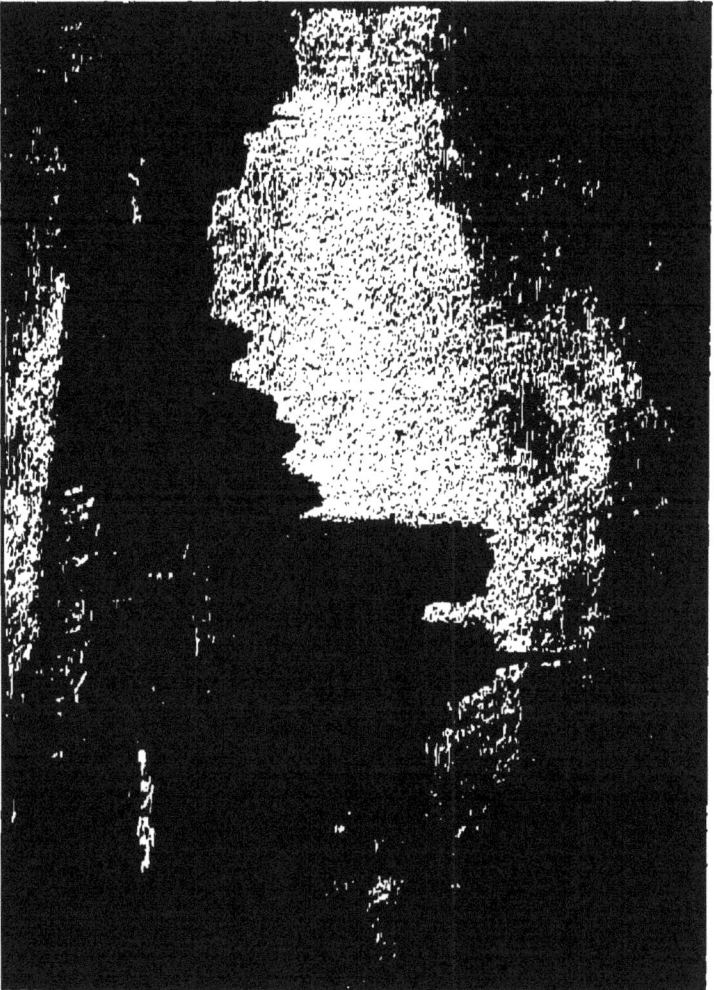

A. LEBOURG. — *Notre-Dame de Paris au printemps.*

Cliché Vizzavona.

mais au choix des formes et des couleurs. M. Lebourg
a créé un univers enchanté, suave et tout en
nuances, où vibre une lumière exquise, un monde
de caresse et de douceur où une joie paisible
monte du sol et du fleuve et descend du ciel, enveloppe le fleuve et sa berge, et la Morgue et le pavillon
et la cathédrale, illumine tout, unit tout, fait tout res-
plendir doucement. Et nous oublions tout ce que sont
dans la réalité les choses que nous montre le peintre,
nous ne pensons ni au travail, ni à la mort, ni à la
prière, nous sommes envahis par une sorte d'âme de
bonheur, de couleur et de lumière, l'âme de la nature
créée par la magie de l'art.

*
* *

LE SIDANER

Coucher de soleil.

Voici maintenant le monde de M. Le Sidaner :
Soir d'automne. Une jeune femme lit et marche
lentement le long d'un mur par-dessus lequel une
vigne vierge jaunissante déborde vers le maigre pré
du premier plan. Derrière le mur, en contre-bas,
à droite, une maison aux toits d'un gris violet
attendri de quelques taches verdâtres. Sous le toit
un coin de mur est seul visible, que perce l'angle
supérieur d'une fenêtre. A gauche, le toit rose d'un
bâtiment de ferme. Tout autour, et au plan suivant,

des arbres au feuillage gris tirant sur le vert et sur
le jaune. Au fond, de vagues coteaux boisés que
surmonte un ciel délicat, ennuagé de très légères
brumes d'un gris violet. Vers la gauche un soleil
exténué, orangé par les brumes qu'il teinte de violet
et de rose, tombe doucement vers la terre.

C'est un monde de paix et de recueillement, un
monde discret, modeste et calme, d'une intimité
tranquille, d'un bonheur voilé, isolé, caché, abrité
contre les hommes et les choses, lent et réfléchi. Les
habitants de la maison, nous les devinons des
amis, retirés et fidèles, désabusés et non aigris. Le
pays nous est familier aussi, il est accueillant et
cependant réservé. Toute une vision des choses et
de la vie est engagée dans cet ensemble doux et
subtil, dans son enveloppe de rêve, dans ses teintes
passées, dans l'exquise harmonie que réchauffe de
sa chaleur mourante le soleil orangé, qu'égaie le toit
doucement rose de la ferme. Et ici encore aucune
préoccupation littéraire. L'impression n'est guère
obtenue que par le caractère des lignes et des couleurs et de la facture, par la juxtaposition d'innombrables petites touches et qui, à la distance voulue,
donnent la vibration, l'enveloppe et l'harmonie subtile.

LE SIDANER. — *Soir d'automne.*

Cliché Vizzavona.

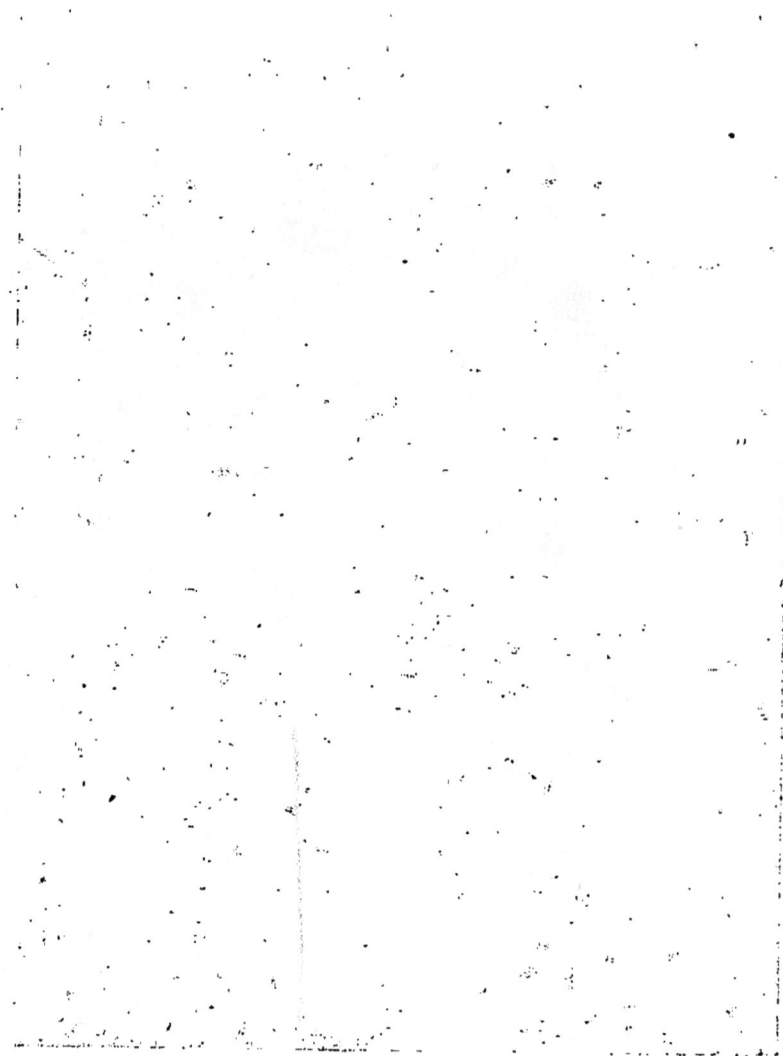

*
* *

CH. COTTET

La brume.

Une mer trouble et verdâtre, un ciel gris, bas et lourd. A gauche des falaises arides, sombres et rudes, vont s'éloignant, se perdant dans la brume, puis, un peu plus loin, s'avancent en un promontoire escarpé. Des rochers émergent çà et là. La marée monte, elle arrive à sa plus grande hauteur; l'eau s'étale sans violence, inflexible et puissante. Des broderies d'écume d'un blanc sali marquent la poussée des vagues successives, leur effort continu, assez calme à présent, mais sans répit, contre les vieilles falaises décharnées, encore résistantes. Cela est vrai. Il est rare d'avoir, devant une peinture, un aussi vif sentiment de la réalité de ce qu'on voit. C'est bien la côte de la Bretagne, c'est bien sa mer, ce sont ses rochers, et son ciel des jours sombres. La peinture solide et puissante nous en impose la vision, le dessin est simple et direct, la couleur largement et sûrement étalée est, dans sa monotonie significative, d'une harmonie sérieuse et profonde.

Ce qui se dégage de tout cela, c'est une idée de fatalité morne, de force hostile et captivante à la fois, invincible et tenace. La mer monte, elle descendra et remontera encore, tantôt furieuse et tantôt caressante, toujours obstinée et fatalement victo-

rieuse à la fin. Les falaises rongées, minées, croule-
ront sous l'assaut des vagues et se nivelleront sous
l'attaque morne, répétée, insidieuse de la pluie.
Et la brume couvre tout ce drame d'un linceul sous
lequel rien de bien distinct n'apparaît. Ainsi les
remous de la vie nous assaillent, nous usent, nous
émiettent, et nous nous effritons peu à peu dans
l'océan chaotique des êtres et des choses jusqu'au
jour où nous sombrons dans l'oubli parmi les choses
indifférentes et terribles.

L'homme n'apparaît point dans le tableau de
M. Cottet. Rien n'y décèle sa présence, rien ne le
rappelle. L'air et les nuages, la mer, les falaises sont
les seuls acteurs du drame. Et, pourtant, quelle
signification humaine prend ce tableau pour l'homme
qui le contemple, et quel sens de la vie universelle,
mais quel sens aussi de notre vie! Et en voici une
preuve qui éclaircira encore, il me semble, la portée
de la représentation et de l'interprétation du paysage. A quelques pas du tableau que je viens de
rappeler, dans une autre salle du Musée du Luxembourg, se trouve un grand triptyque qui est une des
œuvres les plus importantes de M. Cottet. Au milieu,
le repas d'adieux des marins, à droite le groupe des
femmes abandonnées, tristement assises sur les
rochers devant la mer ravisseuse et meurtrière; à
gauche les marins sur leur bateau, pensifs et graves,
émus encore par les adieux, le regard vague, intérieur, encore attaché sur ce qu'ils viennent de
quitter, courbés sous la fatalité qui règle leur vie.

Musée du Luxembourg.

Cu. COROT. — La Brume.

Photo A. Giraudon.

Ici le sujet est net, clair, la signification humaine en est explicite et évidente. Il est aussi puissamment traité, avec des simplifications qui ne laissent ressortir que les caractères essentiels, dans une gamme de couleurs sombres, fortes et savoureuses, bien en harmonie avec la donnée du tableau.

L'expression est grande et forte. Elle acquiert plus de précision sans doute que dans le premier tableau. Mais elle n'est, en somme, ni plus intense, ni plus profonde. Peut-être même y a-t-il plus de grandeur dans l'impression donnée par le simple paysage. L'homme en étant absent, elle est moins attendrie peut-être, de cet attendrissement qu'obtiennent de nous les événements tragiques ou navrants de la vie quotidienne qui ne nous concernent pas directement; elle a un caractère plus abstrait, mais aussi, et par là même, un caractère plus général; elle peut paraître plus épurée, plus unifiée, plus large, plus étendue, plus pénétrante. Ce n'est pas seulement un coin de Bretagne qui est évoqué pour nous, ce n'est même pas seulement avec lui la vie et les peines de ceux qui l'habitent, c'est, en un sens, la nature entière, et, avec elle, le sort commun et fatal de toute l'humanité.

*
* *

Peut-être, après ces notes, la fonction du paysage apparaît-elle mieux. L'artiste, avec le paysage, nous donne une nature qu'il crée. Et cette nature vit d'une vie semblable à la nôtre, elle évoque notre vie par toutes les ressemblances que nous avons relevées déjà. De plus elle évoque une humanité faite pour elle, et à son image, vivant de cette nature, et dans cette nature. Et elle suggère aussi une conception des lois générales du monde et de la vie, une idée de révolte ou de fatalité, de joie ou de malheur, de fière résignation ou d'inquiétude timide; toutes ces suggestions nous arrivent non seulement des sujets traités, mais de la manière dont ils sont traités, de la technique du peintre. Et, quoique figurées à nos yeux dans des lignes et des couleurs, les indications qui nous sont suggérées restent abstraites et générales. Elles sont dégagées des détails qui les altèrent et les diminuent souvent en les précisant trop. Un effet du même genre peut s'obtenir évidemment par la stylisation des personnages, dans la peinture d'histoire ou de genre. Mais alors la vie de l'œuvre diminue, l'impression de réalité s'efface.

Certes, encore une fois, je ne dis pas que le paysage soit supérieur au genre ou à l'histoire. Je veux dire seulement qu'il atteint, par d'autres voies, des cimes aussi hautes. Il ne peut rendre l'humanité concrète, la beauté des corps, ni les particularités individuelles et précises de chaque âme, il ne localise pas nos impressions de la même manière et ne les multiplie pas en les exposant avec la même netteté dans le même tableau, cela est évident; et l'on pourrait accumuler les différences.

Mais aussi l'impression, plus diffuse, plus abstraite,

souvent plus unifiée, est par cela même plus générale
et plus pure. Elle prend, de sa généralité même et
de son abstraction, plus d'étendue et plus d'ampleur,
elle nous plonge peut-être mieux, en nous laissant
plus de liberté, dans cette sorte d'hypnose que provoque la contemplation de l'œuvre d'art[1]. Elle peut
plaire par là tout spécialement aux esprits abstraits
et méditatifs, et qui acceptent volontiers que l'œuvre
d'art leur laisse quelque liberté de pensée et de sentiment, qu'elle ne leur dise pas crûment tout d'abord
ce qu'elle veut leur dire, mais leur permette de s'en
pénétrer peu à peu, à leur aise, et un peu selon leur
goût et leur idée.

D'autre part, outre le caractère concret que lui
donnent la ligne et la couleur, elle lui laisse son caractère d'œuvre d'art destinée à parler non seulement
à l'esprit, mais aux sens. Elle admet toutes les formes
de modelé, toutes les combinaisons de lignes, toutes
les harmonies de couleurs, depuis les plus pauvres
jusqu'aux plus somptueuses. Mais en même temps
elle peut nous donner une impression très concrète
et très vivante de la nature. Le naturalisme et l'idéalisme peuvent s'unir dans le paysage sans que l'un
soit trop sacrifié à l'autre, bien plus aisément que
dans la peinture de personnages. C'est que, dans
celle-ci bien souvent, tout ce qui accentue la vie,

---

1. Voir, dans Souriau : *La suggestion dans l'art* (Paris, F. Alcan),
l'étude développée de cette analogie entre l'hypnose et la contemplation, signalée aussi par Bergson dans *Les données immé-*
diates de la conscience (Paris, F. Alcan).

précise trop l'âme, la rabaisse, la vulgarise, appelle
l'attention sur ses petites particularités médiocres,
mesquines, et en tout cas sans intérêt général. Dans
celui-là, au contraire, le caractère général, en tant
qu'il offre un intérêt humain, se dégage des objets
sans être contrarié par leur vie, parce qu'il n'y a
aucune opposition entre cette vie et les impressions
générales qui s'en dégagent. Les formes particulières des arbres ou des buissons, sauf dans le cas
de caricatures volontaires, ne contrarient pas le sens
général que nous en dégageons. Et il est d'ailleurs
assez significatif que l'on ne songe guère à caricaturer un arbre ou une plante, et qu'il soit à peu près
impossible de caricaturer la mer; au lieu qu'un portrait d'homme trop réel et trop concret tend volontiers, et par certains côtés au moins, à devenir une
caricature ou nous en suggère l'idée. De plus la vie
des arbres et des plantes n'exige peut-être pas, pour
nous apparaître, des formes aussi précises et aussi
exactes que la vie humaine. Les végétaux n'ont pas
une structure aussi définie et aussi régulière que les
hommes. Et nous sommes encore portés, peut-être
en partie parce que leurs formes sont en effet moins
rigoureusement précises, et en partie aussi peut-être
parce que nous les connaissons moins, à nous montrer moins exigeants à cet égard.

Il arrive en effet que des arbres nous paraissent
très vivants, très satisfaisants sans que nous sachions
au juste à quelle espèce ils appartiennent. Sans
doute un cyprès est aisément reconnaissable, même

dans les tableaux d'une époque qui ne se piquait
guère de naturalisme. Mais beaucoup d'arbres,
même dans des tableaux modernes, sont d'espèce
indécise, et je crois qu'un botaniste même serait
embarrassé pour les classer. Ils n'en ont pas moins
l'apparence de la vie. Jamais nous n'accepterions la
représentation d'un homme faite dans de semblables
conditions. Et par là le paysage acquiert la possi-
bilité d'exprimer certains effets d'une manière qui
n'appartient qu'à lui.

CHAPITRE II

DIVERSES ÉCOLES
ET DIVERS ARTISTES

Au lieu d'examiner un tableau en particulier, considérons maintenant un artiste dans l'ensemble de son œuvre ou même une école entière.

Choisissons d'abord, pour dégager la philosophie implicitement enfermée dans les couleurs et dans les formes, une école dont la philosophie fut le moindre souci, qui ne voulut que peindre, rendre la nature, et surtout certains de ses aspects, un peu négligés, par des moyens en partie nouveaux.

Pour l'entendre, réduisez l'univers, comme cela est assez communément, mais tout autrement, opéré par les philosophes, à un système d'apparences. Les corps ont disparu en tant que matière pondérable. Nous ne les connaissons plus sous cet aspect. Une seule réalité emplit l'univers, une seule substance l'anime, la lumière. Ce n'est plus le tact qui, avec le sens musculaire, nous révèle le mieux, comme certains penseurs l'ont cru, le monde extérieur. Les objets ne sont plus des corps pesants, solides, aux formes précises, ayant une réalité propre. La lumière seule existe vraiment, elle est l'essence des choses.

Elle vibre toujours, elle se modifie sans cesse, elle se décompose et se recompose, ses rayons se séparent continuellement, et continuellement ils se réunissent, en proportions variables et toujours changeantes, ils cheminent, ils se reflètent, ils se réfractent, ils sont transformés les uns par les autres. Leurs combinaisons sont infinies et se renouvellent sans cesse. Rien n'existe que par cette lumière si merveilleusement colorée, dont les nuances innombrables s'opposent ou s'associent toujours diversement, par cette lumière subtile, compliquée, vivante. C'est elle seule que nous percevons en ses variétés infinies, en ses inépuisables combinaisons. Les objets sont les formes fugitives que prennent, un moment, des associations de rayons lumineux. Une cathédrale, par exemple, n'est plus, comme l'intelligence nous le fait croire, un édifice solide, permanent et stable, toujours identique à lui-même. C'est une apparence lumineuse, une sorte de fantôme coloré, qui tremble, se déforme et se transforme sans cesse, sans se fixer jamais dans un moule définitif, tantôt une apparition bleuâtre dans la brume, tantôt rose, tantôt grise, violette, orange, pour autant qu'on peut exprimer, avec nos mots simples et grossiers, des jeux de lumière aussi complexes, aussi subtils, aussi changeants selon l'heure, la saison, le jour et le temps qu'il fait. Toujours elle est plutôt quelque indéfinissable mélange de rayons divers où tantôt les uns, tantôt les autres semblent l'emporter, un frémissement continuel qui va se modifiant sous

9.

nos yeux, si nous le regardons ne fût-ce qu'une
minute. Il n'y a pas une cathédrale, il y en a des
centaines, ou plutôt il n'y en a point, il n'existe que
des visions flottantes qui oscillent autour d'une forme
idéale, jamais réalisée. Et la tâche du peintre est
de les recevoir et de fixer sur sa toile un reflet
durable de ces apparitions éphémères. Une longue
série de tableaux donnera à peine quelque idée de
leurs transformations. Et l'on sait avec quel zèle et
quelle puissance aussi M. Claude Monet s'est plusieurs fois essayé à nous les faire comprendre.

La peinture aboutit ainsi, bon gré, mal gré, à une
sorte d'idéalisme sensoriel et, plus spécialement,
visuel, à la glorification de la lumière, mère unique
des formes et des couleurs. On y peut retrouver, si
l'on veut, sous une forme plastique et nouvelle, cette
idée scientifique que toute la vie de notre globe
dérive des rayons du soleil. Pourtant l'école impressionniste, qui a réalisé cette sorte de métaphysique
de la lumière, n'a proclamé aucune prétention philosophique. Mais une façon systématique de voir le
monde, de le comprendre et de le rendre, est déjà par
elle-même une sorte de philosophie, et, en tout cas,
elle en implique une, que l'on se l'avoue ou non.
Peut-être les impressionnistes ont-ils simplement
voulu rendre certains effets lumineux et, par là, la
nature même, en tant qu'elle renferme ou produit

Musée du Luxembourg.

CLAUDE MONET. — *Le Déjeuner.*

Photo A. Giraudon.

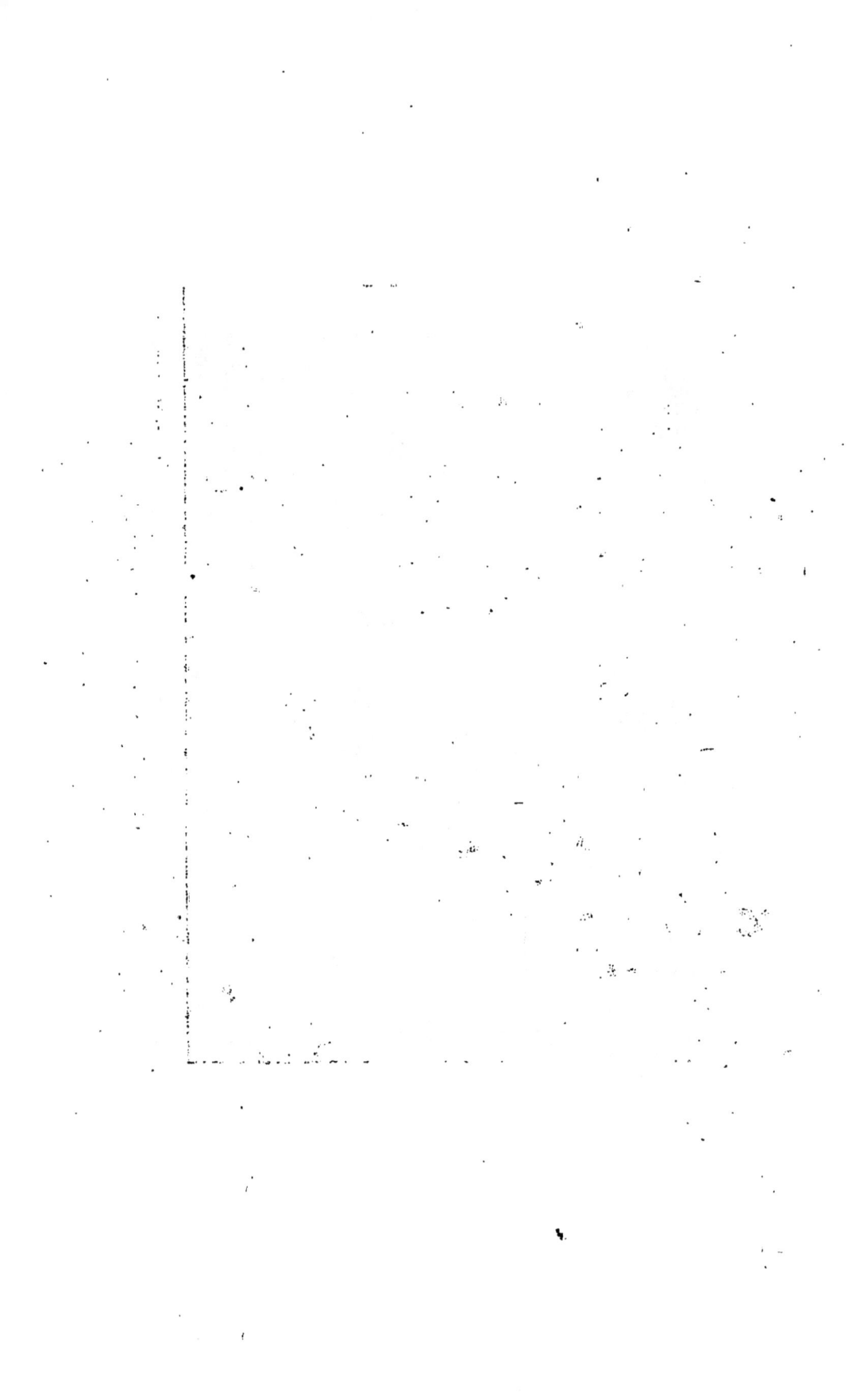

ces effets, avec plus d'exactitude que leurs devanciers. C'est souvent au nom de la nature que se font
les innovations et même les révolutions artistiques
ou littéraires. Le dégoût, le dédain d'anciennes conventions, usées et rendues déplaisantes par un long
service, le besoin, le désir plus ou moins inconscient
d'un nouveau monde d'art où la nature va être
autrement comprise, autrement sentie, et aussi
autrement altérée, autrement repétrie et refondue,
se voile volontiers d'une préoccupation de naturalisme, d'une idée sincère de revenir à la réalité
méconnue.

Et, en effet, aucun ensemble de conventions d'art
ne nous rend *toute* la nature, et ce résultat serait
contraire à la destination même de l'art. Par conséquent toujours une part de la réalité se trouve
oubliée et méconnue, et un art nouveau peut pro-
tester au nom de cette réalité négligée et se vanter
de rendre à la nature ses droits. En l'espèce il était
bien légitime de vouloir un monde plus lumineux,
plus clair, plus coloré, plus vibrant, que celui qu'on
avait montré jusque-là.

Seulement, en rendant à la nature des qualités
oubliées, on lui en enlève aussi quelques-unes, et
bientôt de nouvelles protestations, opposées aux
premières, se font entendre et s'affirment plus ou
moins heureusement. Et c'est toujours à recom-
mencer. Cela ne signifie certes pas que toutes les
écoles ont la même valeur, ni qu'elles naissent
toutes dans des conditions qui doivent leur per-

mettre de vivre. La révolution ne peut être utile et
bonne qu'en se combinant avec la tradition, comme
tout le monde en convient maintenant, et la difficulté est de trouver les éléments et les proportions
de cette combinaison. Mais cela veut dire qu'il y a
toujours quelque raison pour qu'une nouvelle école
se crée par réaction contre les tendances, les procédés, les conceptions de celles qui dominent à un
moment donné.

*
* *

Parmi les peintres qui sont venus après les premiers impressionnistes, quelques-uns, en les conti-
nuant à certains égards, ont réagi contre leur naturalisme. Ils ne se sont pas astreints à ne travailler
que d'après la nature et, au contraire, ont évolué
dans un autre sens, vers des recherches d'harmonies
plus rares, ou vers des compositions artificielles.
Mais chez les néo-impressionnistes le culte de la
lumière n'a fait que s'exalter davantage encore,
tandis qu'ils s'efforçaient de modifier, de systématiser les procédés employés, de substituer la science
et la méthode à l'inspiration pour en assurer les
résultats. Nous avons sur ce point, ce qui est toujours précieux, le témoignage d'un artiste qui est
aussi un théoricien. « Donner à la couleur le plus
d'éclat possible », tel est le but avoué de M. Signac.
Et, comme moyen, il prescrit, avec la division du
ton, l'emploi unique des couleurs pures se rappro-

chant de celles du spectre solaire, le mélange optique
devant complètement remplacer le mélange matériel des couleurs sur la palette ou même sur la
toile. Pour lui, la technique doit être méthodique
et scientifique. La religion de la lumière formule et
précise ses rites. Et l'on nous fait entrevoir encore
un avenir où de nouveaux procédés transformeront
la peinture, et, par exemple, « la fixation directe
des rayons lumineux sur des subjectiles sensibi-
lisés[1] ».

*
* *

Les néo-impressionnistes et des groupes voisins
ont ainsi continué les premiers impressionnistes.
Une pareille conception du monde comme lumière
paraît inspirer leurs œuvres. Ils sont même, semble-
t-il, allés plus loin que leurs devanciers en ce que
la lumière chez eux paraît plus abstraite, plus déta-
chée des autres qualités des corps, de la résistance
ou du poids. Et cela contribue à donner à leur peinture une apparence décorative.

Aussi ont-ils assez logiquement réagi sur plusieurs points en devenant moins naturalistes que
leurs prédécesseurs. Ils ont, sinon plus de poésie,
du moins plus de fantaisie, et peut-être une imagination plus libre. Ils s'inquiètent davantage de la
composition, de l'idée générale du tableau, sans

1. Voir Paul Signac, *De Delacroix au néo-impressionnisme*, p. 116-
117.

qu'il faille d'ailleurs préciser et généraliser beaucoup ces remarques. Les différents artistes de
groupes voisins, ou d'un même groupe, ont leurs
tendances propres, et il y aurait des nuances à
discerner. Il est au moins fort intéressant de voir ce
que pense M. Signac, l'un des initiateurs du néo-
impressionnisme, et l'un des principaux artistes de
ce groupe. Il veut le tableau expressif, il exige la
composition : « Le néo-impressionniste, dit-il, guidé
par la tradition de la science... harmonisera la composition à sa conception, c'est-à-dire qu'il adaptera
les lignes (directions et angles), le clair-obscur
(tons), les couleurs (teintes) au caractère qu'il voudra
faire prévaloir. La dominante des lignes sera hori-
zontale pour le calme, ascendante pour la joie, et
descendante pour la tristesse, avec toutes les lignes
intermédiaires pour figurer tous les autres sentiments en leur variété infinie. Un jeu polychrome,
non moins expressif et divers, se conjugue à ce jeu
linéaire : aux lignes ascendantes correspondent des
teintes chaudes et des tons clairs; avec les lignes
descendantes prédomineront des teintes froides et
des tons foncés; un équilibre plus ou moins parfait
des teintes chaudes et froides, des tons pâles et
intenses, ajoutera au calme des lignes horizontales.
Soumettant ainsi la couleur et la ligne à l'émotion
qu'il veut traduire, le peintre fera œuvre de poète,
de créateur. »

Sans doute les œuvres des artistes importent, en
un sens, plus que leurs théories; Mais les tableaux

de M. Signac et ses aquarelles simplifiées, vives, harmonieuses, que leur préfèrent peut-être quelques amateurs, ont ainsi réalisé un monde. Un monde lumineux, clair, vibrant, plus éclatant que profond, moins intime que rayonnant; et que l'on peut ne pas aimer, mais dont il faut convenir qu'il existe. C'est un monde analogue, avec des différences qu'il serait sans intérêt de préciser ici, que nous ont montré aussi deux artistes disparus, Seurat et Henri-Edmond Cross. Des procédés, des habitudes techniques telles que la division du ton, le pointillisme ou la touche en virgule, l'abandon des lignes sèches et précises (qui tendent pourtant à reparaître et donnent parfois à un tableau néo-impressionniste quelque sécheresse et quelque dureté par comparaison à un tableau de Lebourg ou de Sisley), la pureté des teintes, la clarté relative et la coloration des ombres, parfois une certaine négligence, voulue ou non, dans la notation des valeurs, ont contribué à manifester la conception du monde comme phénomène lumineux, et à en varier l'expression. D'autres artistes, groupés avec ceux que j'ai nommés ou suivant des routes voisines et plus ou moins divergentes, ont incarné aussi dans leurs œuvres des conceptions analogues. Mais voici que maintenant des réactions s'annoncent. Certains artistes veulent nous rendre un monde solide, lourd, matériel, sinon réel, aux couleurs dures et sourdes. Les premiers essais en ce sens ne paraissent pas très heureux. Mais, d'autre part, un groupe d'artistes s'était attaché, sans négliger les apparences visibles et les jeux de la lumière, à rendre la solidité, la densité des corps, leur forme nette, dans la mesure compatible avec les conditions de notre vue, et s'était gardé de négliger les couleurs fortes et sombres.

*
* *

Il n'est pas vraisemblable que toutes les tentatives nouvelles soient bonnes, et il serait injuste de l'exiger. S'il faut éviter l'engouement pour les nouveautés, il convient, alors même qu'on les juge sévèrement, de ne pas trop déplorer leur venue. Une tentative heureuse compense vingt essais puérils ou mauvais qu'on oubliera. L'art n'est jamais achevé, jamais fixé ni dans son inspiration, ni dans ses formes, ni dans ses idées, ni dans sa technique. S'il ne se transforme jamais absolument, il ne reste jamais identique à lui-même. Il a mille formes admirables et légitimes. Léonard ne fait pas oublier Van Eyck et n'arrête pas Rembrandt. Claude Lorrain ne nous empêche pas d'admirer Corot, ni Corot de nous plaire aux paysages de Sisley. Toutes les écoles ne se valent pas, et il peut y en avoir qui ne valent rien. Mais il serait très fâcheux que l'on décourageât, par avance, les novateurs. Des écoles très différentes et dont les procédés choquent d'abord peuvent prétendre à forcer notre admiration, par leurs différences précisément et parce qu'elles répondent à des exigences différentes de notre goût, de notre esprit, de nos sentiments et de nos sens.

Cependant, et précisément parce que chaque école doit son prix à des mérites spéciaux, chacune aussi a ses limites. L'impressionnisme nous a donné une nature plus claire, plus vibrante, plus colorée, plus diaprée. Il n'a pas, en revanche, aussi bien rendu que d'autres écoles, la solidité, la permanence, l'intimité des choses. Son monde lumineux nous paraît souvent un peu superficiel. Comme aucun art ne peut tout nous donner à la fois, quand ce qu'il nous donne est beau nous renonçons pour un temps à ce qu'il nous refuse. Nous n'exigeons pas de Ghirlandaio la couleur de Giorgione ou de Rembrandt la distinction de Léonard. Nous n'exigerons pas non plus de Sisley la solidité nerveuse de Th. Rousseau, ni de Pissarro la noblesse de Poussin. Et nous aimerons souvent ce qu'ils nous donnent. Mais nous reviendrons aussi aux artistes des autres écoles, pour retrouver ce qui n'est pas chez eux, et nous n'exigerons pas non plus de Dauchez ou de Cottet qu'ils nous rendent tous les effets où les impressionnistes excellent.

La peinture impressionniste — et cela est plus vrai encore des écoles qui l'ont suivie — tend facilement vers l'art décoratif. La préoccupation de l'effet lumineux pour lui-même la conduit souvent à un monde sans profondeur et sans substance et qui manque d'intimité, de ce charme discret, de cette poésie pénétrante qui enrichit l'art de Corot, de Chintreuil, de Cazin ou de Pointelin. D'autre part

elle la mène à négliger la composition, à renoncer
aux effets de grandeur et de majesté grave où se
bornait trop le paysage classique. La notation des
nuances, de leurs combinaisons et de leurs altéra-
tions, l'éclat et la fraîcheur des teintes nous cap-
tivent et nous émeuvent certes d'une émotion esthétique désintéressée qui nous suffit parfois, mais ils
ne peuvent nous retenir toujours. Et nous voulons
parfois même moins d'éclat, des harmonies plus
discrètes et des teintes plus sombres.

De plus la peinture impressionniste, rendant
plutôt l'extérieur des choses que leur âme, ou plutôt
voyant leur âme même dans la lumière, au lieu de
voir dans la lumière un moyen d'exprimer leur âme,
nous dit peut-être beaucoup trop vite ce qu'elle a à
nous dire. Sans doute il faut regarder avec attention
pour en discerner toutes les indications, il faut
l'étudier pour en démêler les complications et les
nuances, pour saisir à la fois l'ensemble et les
détails, mais l'effet, une fois obtenu, ne se renou-
velle guère et ne pénètre pas plus loin en nous. Au
contraire, il est des tableaux très discrets, de teintes
assourdies, qui ne se livrent pas du premier coup. Il
faut les voir longtemps et les revoir, s'insinuer dans
leur confiance; ils sont comme des amis en qui l'on
découvre, à mesure qu'on les connaît mieux, quelques
raisons de plus de les aimer, et, quand on les retrouve
après une absence, ils ont toujours quelque chose à
nous confier. Chintreuil ou Pointelin peuvent donner
de ces impressions.

N'exagérons rien cependant. J'indique des tendances, et quelquefois elles sont compensées par
les qualités spéciales d'un artiste, ou par un
ensemble de circonstances inconnues qui font apparaître parfois chez un autre des qualités d'exception.
La facture impressionniste, peu favorable à l'expression de la solidité ou de l'intimité des choses, ne
l'exclut pourtant pas. Il se dégage souvent des
paysages de M. Lebourg, par exemple, une pénétrante émotion. La finesse merveilleuse des tons, à
la fois rayonnants et doux, et l'harmonie délicate
qui les unit l'ont amené à une indiscutable et précieuse poésie. Et il serait injuste de dire que Claude
Monet, par exemple, ou Guillaumin surtout ne nous
donnent jamais l'impression d'une réalité solide et
d'une nature persistante. De plus j'ai déjà indiqué
la réaction des néo-impressionnistes ou des écoles
voisines sur plusieurs points. Chez M. Roussel,
par exemple, la conception physique du monde se
complique, comme chez M. Lebourg, d'une conception poétique et sentimentale bien personnelle. Et
la peinture de M. Vuillard nous donne de subtiles
impressions d'intimité.

*
* *

Il existe plusieurs façons de chanter la lumière.
Avant les impressionnistes, Claude Lorrain et
Turner ont écrit aussi le poème des rayons lumi-
neux. Claude avec plus de retenue et de discrétion,

d'une manière moins envahissante, moins généralisée, moins poussée à bout. Turner est parti à peu
près du point d'arrivée de Claude, et il l'a montré
lui-même en voulant qu'à la *National Gallery* un
tableau de son prédécesseur fût placé à côté d'un
de ses tableaux à lui. Mais Turner, dans sa dernière
période, peut être considéré comme indiquant à
certains égards le passage de Claude aux impressionnistes, bien que son œuvre vaille par elle-même,
et qu'il s'y montre d'ailleurs au moins aussi violent,
aussi exagéré que le plus fougueux de nos novateurs.

Le monde de Turner est un éblouissement. De ses
tableaux vieillis sort encore une extraordinaire clarté,
désordonnée, extravagante, dominatrice. Parti de la
lumière belle, chaude et très raisonnable encore de
notre Claude, il s'est avancé dans un océan de
splendeur où il ne s'est pas noyé, qu'il a souvent
dominé, mais d'où il a presque perdu de vue toute
réalité. L'apparence des objets ne lui arrive plus que
déformée, transfigurée. En certaines toiles, on ne
distingue plus rien de précis, mais la lumière est là,
irradiant des généreuses coulées de la pâte, et l'on
arrive à trouver qu'elle peut suffire, à s'absorber en
elle. Dans la salle de la National Gallery où sont
assemblés les tableaux du vieil Anglais, s'ouvre un
univers surprenant et splendide où un train de
chemin de fer est un monstre terrible, admirable et
mystérieux. Une vie radieuse, illimitée, sans forme
précise, mais vibrante et magnifique, s'échappe de

National Gallery. Londres.

TURNER. — *The Great Western railway.*

Photo A. Giraudon.

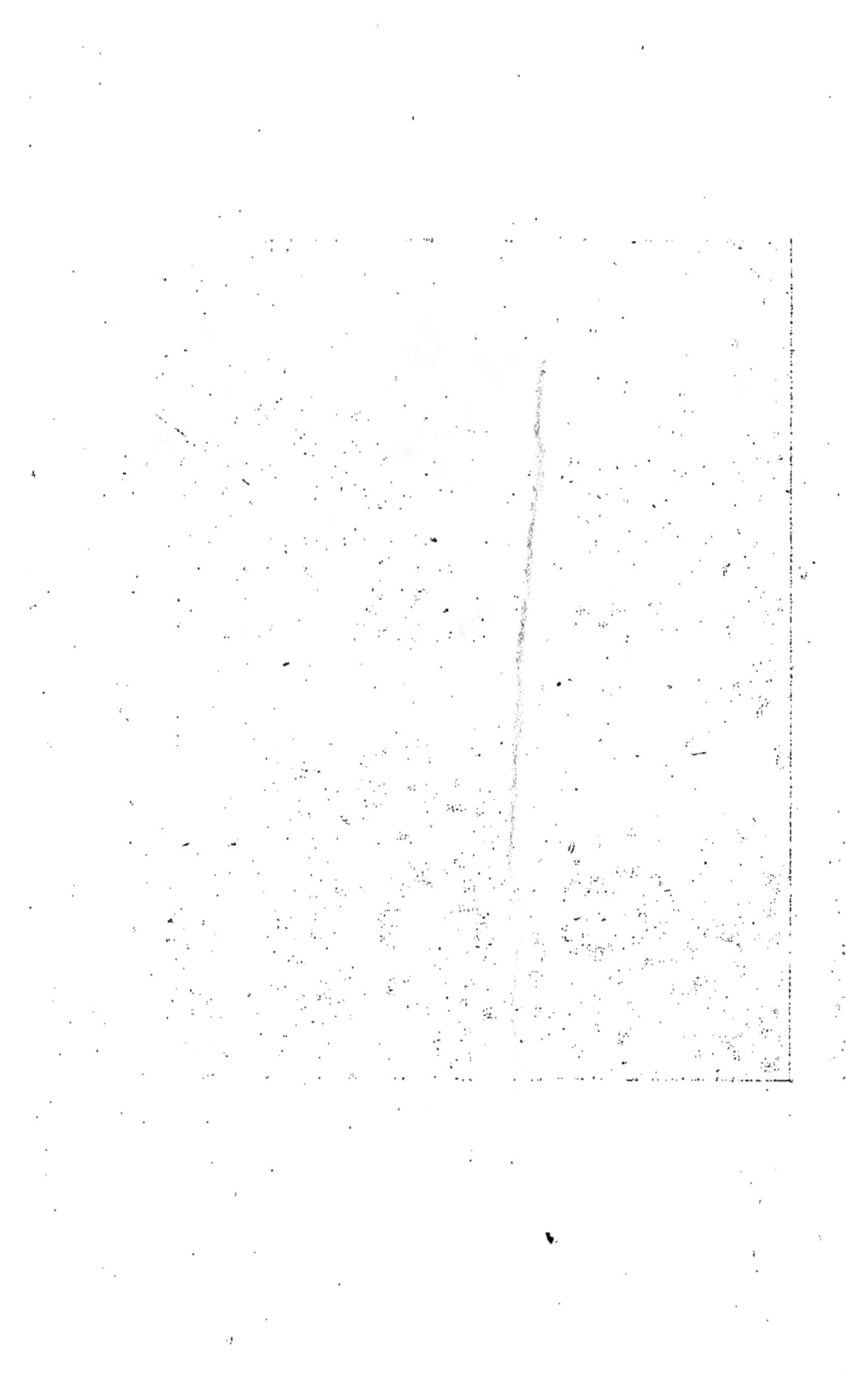

ces toiles et s'insinue en nous. On devient lumière et splendeur. Et malgré toutes les critiques qu'il est fort aisé de lui adresser, l'artiste qui fit ce prodige reste un créateur génial.

*
* *

S'il est des peintres « sensuels » ou « sensoriels » qui s'adressent surtout au sens, j'entends à la vue, il en est d' « émotionnels » qui s'adressent aussi ou surtout au sentiment, et il en est aussi d' « intellectuels » ou de « rationalistes » qui parlent plutôt à l'esprit. Et sans doute tous les peintres s'adressent à la fois aux yeux, à la sensibilité et à l'intelligence, mais souvent bien inégalement et de façons bien diverses. Il y a aussi des équilibrés. Ainsi nous connaissons en philosophie le sensualisme et le rationalisme, la morale de la raison et la morale du sentiment.

Si Turner, si les impressionnistes sont plutôt des sensoriels, Chintreuil est surtout un émotif, Corot un équilibré. Poussin peut être pris pour le type de l'intellectuel, du rationaliste.

Les rationalistes ne cherchent point par principe à chagriner l'œil, du moins n'y sont-ils point obligés, mais je pense qu'ils seraient fâchés de trop lui plaire et de détourner ainsi vers un plaisir inférieur et secondaire l'attention du spectateur. Et la « délectation » que Poussin donnait à l'art pour but n'était sans doute pas surtout celle de l'œil. La couleur

risque de les gêner un peu. Elle est pour l'œil une
sorte d'occasion de péché, de débauche. Ils sont
parfois des coloristes insignifiants, médiocres ou pis.
Ce qui leur convient le mieux, ce sont les couleurs
fortes et graves, un peu sombres, un peu refrognées,
les harmonies contenues, sans grands éclats, sans
fanfares, sans piquant, sans imprévu. Le dessin est
naturellement plus sévère et les sert mieux, mais
ils y évitent aussi le caprice, la nervosité, la subtilité.
La composition, le rapport des parties, voilà où ils
excellent, qu'il s'agisse d'ailleurs de composer une
scène, un paysage ou même simplement une figure.
Le plaisir de la vue n'est pour eux qu'un moyen, non
un but. Et s'ils veulent émouvoir notre sensibilité,
c'est surtout pour y éveiller ces émotions hautes,
larges, profondes, un peu austères et abstraites, qui
accompagnent l'exercice de la raison, la perception
des rapports, la compréhension de masses équi-
librées, de contours fiers, nobles et assez simples, de
modelés puissants sans beaucoup de complexité.
C'est l'ensemble qui les intéresse surtout, c'est une
impression générale qui doit tout dominer. Le sujet
principal s'impose, mais sans s'isoler du tableau où
l'artiste le place, auquel il doit se rattacher par le
sens, par les formes, par la couleur. Les détails n'ont
de valeur que pour concourir à l'effet d'ensemble
et souvent le sujet même du tableau n'est guère
qu'un détail plus important que les autres. Les petits
divertissements de l'œil, et tout ce qui tend à isoler
une partie de l'œuvre, à la faire valoir en elle-même

N. POUSSIN. — *Diogène jetant son écuelle.*

Photo :

et pour elle-même, doivent être évités avec rigueur.

Les tendances rationalistes sont fort combattues de notre temps, et même dans le domaine, qui semble leur domaine propre et spécial, de la philosophie et de la morale. Elles sont combattues par un parti assez divers, nombreux et hardi, et la faveur du public s'est détournée d'elles. Il y a d'ailleurs en cela, à mon avis, bien de l'exagération et aussi du malentendu. Il est assez curieux qu'elles semblent avoir plus de succès dans le domaine de l'art. Ingres est fort honoré de nos jours, et le nom de Poussin est un des plus glorieux de notre histoire. Peut-être y a-t-il, là aussi, un certain excès qu'explique le succès récent du sensualisme impressionniste. Les uns veulent réagir contre ce sensualisme et les autres y combiner un rationalisme qui le complète et le compense. Il ne me semble pas que Poussin soit, dans son art, tout à fait l'égal de Racine dans la tragédie ou de Bossuet dans l'éloquence sacrée. Et, pour rester dans l'histoire de la peinture, je suis un peu surpris qu'on lui sacrifie assez volontiers son ami Claude, esprit moins cultivé sans doute, moins élevé peut-être, mais artiste au moins égal, peintre peut-être supérieur et qui nous donne un monde d'une si lumineuse sérénité. Il n'en reste pas moins que Poussin a le sens du noble, du simple et du grand, qu'il possède le style, qu'il compose admirablement, qu'il a créé, lui aussi, un monde, un monde équilibré, grandiose et sévère, un monde qui n'est point fait pour qu'on s'y amuse ou qu'on y flâne, mais pour qu'on y travaille dignement et qu'on y pense avec gravité, un monde dont le Dieu inspirerait une crainte respectueuse et plus d'admiration peut-être que d'amour, mais où la raison doit, en effet, trouver à se réjouir.

Au reste, si loué que soit Poussin, on ne se presse pas sur ses traces. Sans doute trouverait-on à sa peinture des équivalents plus ou moins approchés dans les tableaux d'aujourd'hui, on ne constaterait guère une nouvelle floraison de sa manière. On a rappelé son nom à propos de M. Roussel, et le rapprochement n'est pas sans intérêt, mais il n'est possible que pour certains côtés, un peu abstraits et généraux, des œuvres. Ni l'esprit, ni la facture ne sont du même ordre. M. René Ménard évoque plus aisément le souvenir de Poussin. Lui aussi a le sens de la grandeur, de la simplicité austère, de la sérénité rationnelle et forte, avec de hautes aspirations. Et il s'est plu aux temples antiques. Mais ses paysages sont d'une âme différente, moins rude et moins fixée, ils sont en quelque sorte les « rêveries d'un païen mystique ». M. Dauchez pourrait s'apparenter à nos classiques du xviie siècle, par la solidité de la construction, le sérieux, la sévérité de la couleur, et une certaine simplicité qui n'est pas sans grandeur, mais ses paysages paraissent encore plutôt rapprochés de la nature que dominés par une raison ordonnatrice qu'on croit cependant y sentir. Puvis de Chavannes est un autre intellectuel. Sa technique est très différente de celle des classiques, la simpli-

C. GELLÉE, dit CLAUDE LORRAIN. — *La Fête villageoise.*

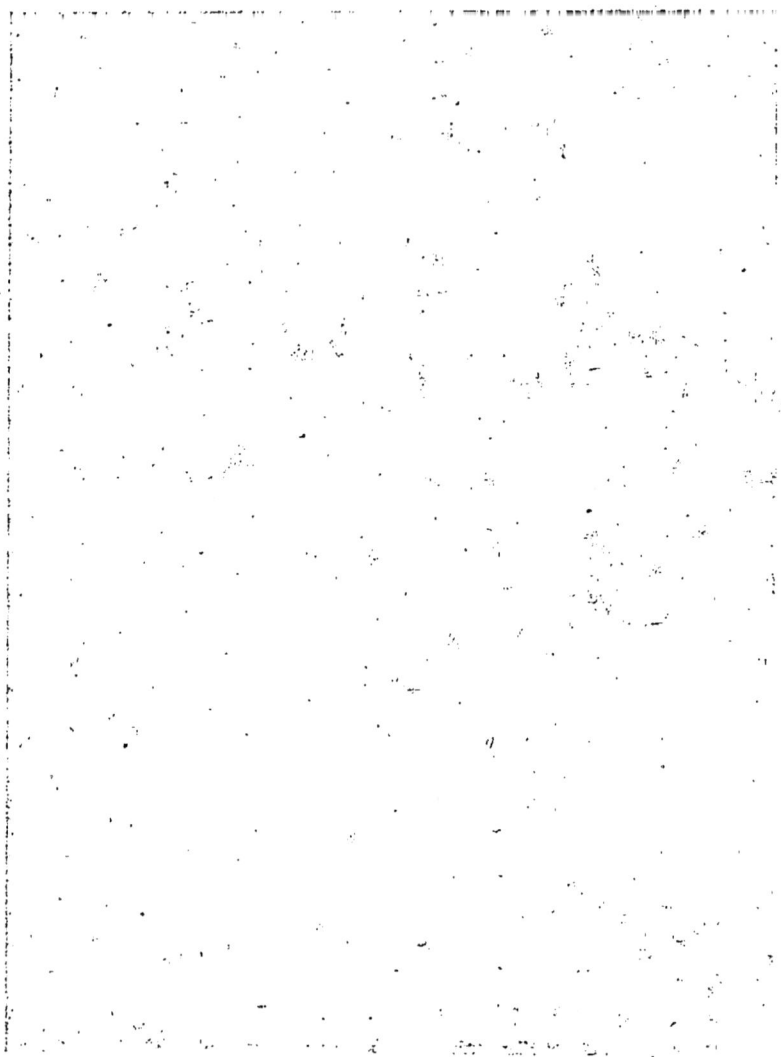

fication est plus grande chez lui, plus systématique
peut-être et plus déformante, et, en tout cas, autrement déformante, le coloris plus atténué, plus pâle,
harmonisé dans une gamme de nuances un peu
éteintes. Il n'a guère créé que comme accompagnement de ses figures une nature simple et grande,
tantôt pure et sereine, comme dans la *Vie de Sainte
Geneviève*, tantôt monotone et navrée, comme dans
le Pauvre pêcheur, où son expression renforce si
bien d'ailleurs l'idée générale du tableau qu'on peut
la préférer aux figures qu'elle encadre.

*
* *

Tout en aimant la peinture intellectuelle, on peut
juger que Poussin l'a rendue un peu trop austère et
comme grondeuse. On peut estimer aussi que l'art
ne doit pas s'adresser surtout aux sens et aux senti
ments, tout en les satisfaisant autant qu'il le peut.

Gustave Moreau, très grand artiste, subtil et compliqué, très haut et très somptueux, plus grand
artiste que grand peintre, je crois, mais pourtant
peintre des plus curieux, semble avoir cherché une
sorte d'équilibre dans l'outrance. Il a voulu exprimer
les idées les plus élevées et les plus grandes avec la
plus extrême recherche de lignes raffinées et de
couleurs rares, en suscitant les impressions les plus
exquises, les plus troublantes et les sentiments les
plus fiers.

Je n'en parlerai pas longuement, le paysage est

fort éloigné d'être la partie la plus importante de son
œuvre. Il mériterait peut-être cependant, comme
paysagiste, une étude spéciale. Quand on a visité le
musée inépuisable qu'il nous a laissé, vu les tableaux
du Luxembourg, qui faisaient presque tous partie de
la collection de M. Ch. Hayem, vu aussi ceux qui res-
plendissent dans les collections de M. Antony Roux
et de M. Baillehache, ainsi que ceux que laissent
apercevoir de temps en temps une exposition spéciale ou quelque vente publique, on garde l'impression d'un monde inoubliable, singulier et surhu-
main. Peut-être nous arrive-t-il des Florentins du
XVe siècle, mais c'est comme la lumière de Turner
est sortie de celle de Claude, en s'exaltant, en se
développant et en s'exaspérant. La nature y est
étrange et subtile, riche et puissante, expressive et
froide à la fois, très loin de nous et pourtant très
apte à s'insinuer en nous et à nous conquérir. Elle
y est aussi très diverse dans son unité profonde,
parfois sauvage et presque inaccessible comme dans
la Chimère, parfois toute de charme et de grâce
avec quelque chose de la délicatesse de Corot, comme
dans l'*Enlèvement d'Europe*, dans quelques aquarelles de la surprenante série des *Fables de La Fontaine*, ou dans *les Licornes*, parfois mystérieuse et
terrible, souvent aussi grande et noble. On y voit des
ciels d'azur et de lumière, de pourpre et de sang, de
douceur et d'horreur, des arbres élevés, minces et
rigides, des rochers ardus, des eaux miroitantes, des
collines bleues, des prés d'émeraude claire, des

G. MOREAU. — *La Mort de Sapho.*

massifs épais empourprés par les lueurs du couchant, de larges soleils sanglants à leur déclin, de
grandes lunes pâles et bleuâtres. Et tous ces sites
si divers font bien partie du même monde, toujours
exquis et rare, fait à la mesure d'êtres qui dépas-
sent en tous sens notre pauvre humanité, un monde
mystique d'extase et de pureté, de rêve et de souffrance fière, de splendeur et d'horreur, de grâce et
d'orgueil, de mort et de triomphe, un monde où le
vice et le crime apparaissent parfois et revêtent de
la grandeur, mais surtout un monde créé pour
l'héroïsme splendide et la pureté lumineuse.

*
* *

Dans toutes les écoles, des artistes ont donné une
âme au paysage ou en ont exprimé la vie, et ont
ainsi objectivé une conception du monde et parfois
aussi de l'existence humaine. Ces conceptions ne
sont jamais identiques, mais elles se ressemblent
naturellement à quelque degré et par certains côtés.
De ce point de vue on pourrait répartir les artistes,
de différentes manières d'ailleurs, en groupes sympathiques. Dans chaque groupe on réunirait assez
souvent des artistes d'écoles différentes, chez qui ni
l'idéal, ni la technique ne sont pareils, mais qui
peut-être présentent des ressemblances de tempérament ou d'esprit, qui peut-être ont pensé, senti,
joui, souffert un peu de la même manière et sont
parvenus à des vues analogues, implicites ou avouées,

sur le monde et sur l'homme. Cependant il arrive
assez fréquemment que ces groupes fondés sur
quelques tendances coïncident à peu près avec les
groupes des écoles. C'est d'abord que, à une époque
donnée, certaines idées, certains sentiments s'imposent assez généralement en même temps que certaines habitudes techniques ; c'est aussi, d'autre
part, qu'une technique donnée convient mieux que
d'autres à l'incarnation dans une œuvre de certaines
façons de sentir et de penser.

Mais il faut bien dire que toutes ces relations
n'ont rien de bien rigoureux. Et d'ailleurs tous les
groupes qu'on peut former n'ont aucune valeur
absolue. En général un certain équilibre unit dans
un même artiste des tendances qui, si elles se déve-
loppaient en plusieurs hommes, les rattacheraient à
des groupes différents. Par exemple, les peintres ne
peuvent guère être de purs sensoriels, de purs intellectuels ou de purs émotifs. Mais ils s'approchent
plus ou moins d'un type ou de l'autre, en se ratta-
chant à tous. Quelques hardis novateurs semblent
avoir poussé à l'extrême la préoccupation de la
sensation en nous donnant des tableaux où il ne
subsiste à peu près rien d'intelligible. Mais la perception même est une opération intellectuelle et
quelque sentiment s'y mêle toujours.

De plus le groupement des artistes ne dépend pas
seulement de ce qu'ils sont, il dépend aussi de celui
qui les étudie. Ou, si l'on préfère, ils ne sont pas
identiques à eux-mêmes selon le spectateur qui les

examine. Il est parfois mal aisé de dire si un artiste
a voulu parler surtout au sentiment, à l'intelligence
ou aux yeux. Le saurait-on, on resterait embarrassé
encore, car un artiste ne fait pas toujours ce qu'il
veut ni ce qu'il croit. Et savoir si, en fait, il excite
surtout la pensée, s'il émeut plutôt le sentiment, s'il
plaît aux yeux avant tout, cela ne se déciderait pas
aisément, car les avis pourraient différer, et d'ailleurs
tout le monde n'a pas qualité pour apprécier une
œuvre d'art, ni pour être ému d'une façon quelconque par elle. En certains cas le doute s'impose,
ou la reconnaissance d'une nature d'artiste complexe et plus ou moins équilibrée.

*
* *

Malgré ces réserves, je crois que l'on admettra
sans difficulté que Chintreuil peut être pris comme
type de l'artiste sensitif. « On n'analyse pas un paysage de Chintreuil, disait Champfleury, c'est une
émotion. » Et je ne vois pas d'ailleurs pourquoi l'on
n'analyserait pas une émotion, mais le mot caractérise assez bien certaines œuvres de Chintreuil, et
ses meilleures. Chintreuil nous entr'ouvre une nature
tendre, discrète, recueillie, timide et comme épeurée,
un peu mélancolique, même sous le soleil, accueillante et réservée, naïve et comme un peu surprise
d'exister, un monde où la vie s'inquiète et pressent,
dans le jour le plus radieux, les mélancolies du soir
et les ombres de la nuit. Il nous montre, volontiers,

la nature dans ses frissons et dans ses troubles, quand elle semble hésiter entre la nuit et le jour, entre l'automne et l'été, entre le soleil et la pluie, entre le calme et la tempête. Elle est en vibration continuelle, on sent que rien de définitif ne s'y installe, et que tout y est éphémère. Par certains côtés de son talent Chintreuil s'apparente aux impressionnistes qu'il précède, mais rien dans sa technique, ou presque rien ne les annonce. Chez lui la vibration est émotive plutôt que lumineuse, les changements qu'il indique ou fait prévoir intéressent notre sentiment plus encore que notre œil, la forme et la couleur sont ici surtout pour leur signification intime, bien plus que pour la richessse ou la variété de leurs jeux et de leurs combinaisons.

On pourrait ranger encore parmi les émotifs, bien qu'ils soient intéressants à d'autres égards, plusieurs contemporains : M. Ullmann avec son monde indécis et délicat, d'une harmonie discrète et fine, son monde de brume et de charme, relevé de clartés douces, M. Roussel et sa nature voluptueuse et noble à la fois, discrète et caressante, savante et subtile, M. Laprade aussi et quelques autres encore.

*
* *

D'autres artistes nous intéresseront plutôt par le caractère du monde qu'ils créent que par leurs tendances intellectuelle, émotive ou sensorielle. Ce n'est pas que l'une de ces tendances ne puisse pré-

dominer jusqu'à un certain point chez eux. Elle
n'éclipse pas assez les autres pour qu'il en résulte
un type très marqué.

Il en est pour qui le monde est tragique, dur,
triste et sévère. C'est un lieu non pour la joie et le
plaisir, ni pour l'attendrissement, ni même pour la
pensée désintéressée et calme, mais pour la lutte,
pour le labeur pénible et jamais achevé, pour la
méditation désenchantée, ou l'humble prière. Ruysdaël, par exemple, nous introduit dans un monde
sombre et souvent grandiose, où les forces de la
nature se déchaînent et menacent, où la mer est sur
le point d'engloutir les vaisseaux et de submerger le
rivage, où le soleil, entre deux nuages, luit furtive-
ment, où les arbres et les buissons semblent avoir
pris, sous les rafales, une attitude résignée. Le
bonheur, s'il s'y rencontre, y est continuellement en
péril, la vie s'y courbe sous une loi de lutte, mais
l'homme y peut réagir, résister, dompter peut-être
pour un temps les puissances hostiles, l'âme y peut
se recueillir et s'isoler.

Voici, de nos jours, Cottet avec sa Bretagne sombre
et rude, rêvant sur ses falaises sombres devant la
sombre mer, dans ses couleurs sérieuses et puissantes. Les beaux jours y sont graves, les couchers de
soleil ardents et mélancoliques, la vie s'y traîne,
simple et résignée, sous une fatalité lourde. Voici
Pointelin, plus serein, avec sa nature crépusculaire,
large et déserte, ses plateaux aux grands horizons,
aux arbres rares, aux herbes courtes, aux mares pau-

vres et desséchées, et ses grands ciels lumineux qui
éclairent et dominent la terre ; voici les bois profonds
et touffus que nous montrent ses fusains, s'appro-
chant des mares hérissées de joncs, les bois mystérieux où le déclin du jour devient tragique et nous
donne une impression poignante d'isolement parmi
des êtres si différents de nous, si étrangers à nous
qu'ils ne nous sont ni amis ni hostiles, qu'on n'a pas
même l'idée de les trouver indifférents. Et je citerai
encore Harpignies et son monde solide et dur, —
surtout dans ses peintures, — aux rochers solidement
enracinés, aux chênes noueux, robustes et sans
pensées, lassés peut-être par le temps et la vie.

*
* *

Voici maintenant les voluptueux, les délicats,
les tendres, les doux, très différents d'ailleurs d'origine et de métier, et parmi lesquels j'aurais aussi
bien pu placer les émotifs dont je parlais tout à
l'heure.

Watteau nous montre un monde exquis, raffiné,
d'une harmonieuse élégance, d'une gaîté brillante et
un peu factice qui recouvre une sorte d'amertume
un peu sèche et désabusée, qui reflète, en l'élargis-
sant parfois, en la désindividualisant, si je puis dire,
l'âme de ses personnages. Cette nature n'a rien de
rustique, elle est une sorte de décor aux couleurs
douces, riches, finement nuancées, un décor pour
une vie de loisirs et de fêtes sans lendemains, où

Conot. — Le Chemin de Sèvres.

Photo A. Giraudon.

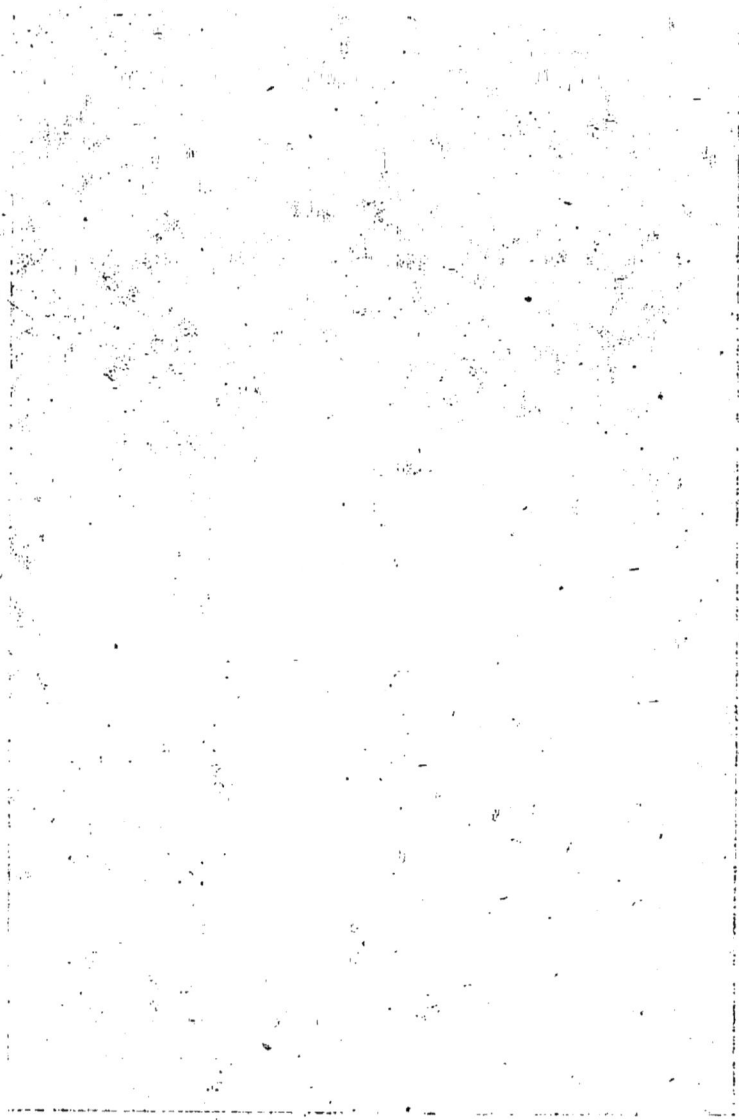

la joie s'est un peu usée. Verlaine en a rendu toute
la poésie complexe dans une pièce fameuse de ses
Fêtes galantes :

> Votre âme est un paysage choisi
> Que vont charmant masques et bergamasques,
> Jouant du luth, et dansant, et quasi
> Tristes sous leurs déguisements fantasques.

> Tout en chantant sur le mode mineur
> L'amour vainqueur et la vie opportune,
> Ils n'ont pas l'air de croire à leur bonheur.....

Corot est un équilibré, un heureux en somme, un
brave homme, et il fait, comme d'autres, sa nature
à son image. Il a peint un monde ravi et souriant,
lumineux et paisible, un monde de sympathie et de
douce clarté, une nature franche, saine et rayon-
nante. La brume légère y modèle tout sans rien
cacher, elle est délicate, non mystérieuse ou triste.
Tout y est d'aplomb, bien en place. Il n'est pas un
arbre, pas une maison qui n'ait l'air d'être juste à la
place qu'il désirait et content de son sort. Regardez
n'importe quel détail, un pan de mur, une touffe
d'herbe, vous y retrouvez l'âme de l'ensemble, tout
s'anime et sourit. Rien de rude, rien de hautain, rien
non plus d'excessif ou de grandiose. C'est un monde
d'un optimisme sans arrière-pensée, qui ne connaît
ni les grands espoirs ni les grandes craintes. La
finesse discrète des teintes, discrètement relevées de
quelques notes plus vives, la grâce et la souplesse
des formes et un sens divin de la lumière et des
valeurs font ressortir l'âme de cette nature, qu'on
croirait le domaine de quelque « dieu des bonnes

11.

gens », sans lourdeur, sans vulgarité, sans prétention, mais ayant l'œil et la main d'un grand artiste.

Et je parlerais ici de Chintreuil, de M. Ullmann,
de M. Roussel si je ne les avais déjà mentionnés.
Mais j'ai prévenu que mes groupes sympathiques
n'avaient rien de bien rigoureux.

*
* *

Voici maintenant le groupe des forts, des intenses,
des violents, de ceux qui nous font une nature plus
riche, plus dense, plus débordante que la vraie,
colorée de teintes plus éclatantes ou plus chaudes.
Peut-être quelques-uns parmi eux expriment-ils la
vie du monde plus que son âme, mais l'âme ne se
comprend guère sans la vie, ni la vie sans l'âme.
Cependant il y a là une nuance qui, pour n'être pas
toujours très appréciable. ne laisse pas de répondre
à quelque réalité.

Si Rembrandt est peut-être le plus extraordinaire
génie qui se soit exprimé par les jeux de l'ombre et
de la lumière, ce n'est pas comme. paysagiste qu'il
est surtout connu. Et il est difficile de le faire entrer
dans un groupe quelconque. Mais son univers est
d'une singulière intensité tant par la force de l'effet
du clair-obscur que par celle de l'expression. Parmi
les modernes, Diaz nous présente une nature singulièrement chatoyante, que l'éclat, la richesse de la
couleur et sa distribution rendent puissante.
Th. Rousseau crée un monde nerveux et fort, solide

Th. Rousseau. — *Le Passeur.*

Photo A. Giraudon.

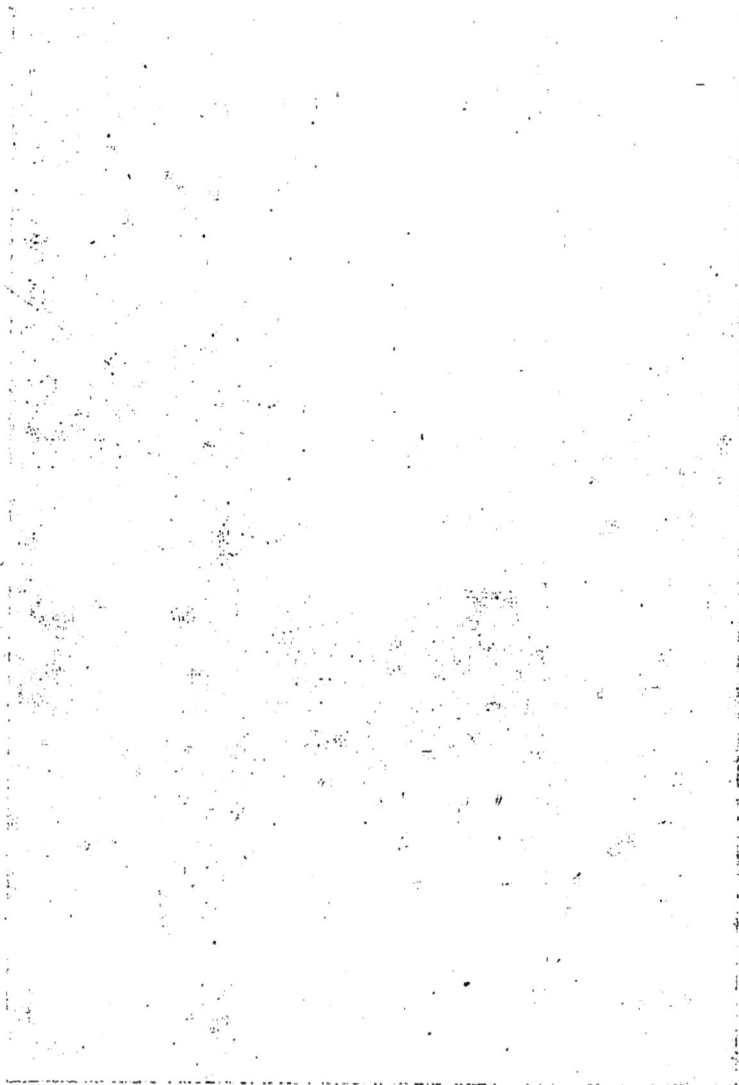

et fin, riche et précis, resplendissant et contenu.
Lui aussi est un équilibré à sa manière. Mais sa
nature semble concentrée et ramassée, d'une densité
plus qu'ordinaire, d'un éclat rare, et d'une couleur
en quelque sorte condensée, et pour cela il peut être
placé dans le groupe. Courbet atteint à l'intensité .
par la solidité, parfois un peu lourde, de ses paysages.
Ses rochers sont résistants, ses feuillages un peu
compacts parfois, ses eaux, parfois délicates et
colorées avec beaucoup de justesse, sont souvent
trop épaisses et peu fluides. Il atteint encore à l'intensité par ses couleurs fortes et pleines si elles ne
sont pas éclatantes, par la belle qualité de la pâte,
par la façon large et sûre . dont il l'étale avec la
brosse ou le couteau, et encore par un certain sentiment puissant et confus de la nature, par cet amour
des champs, de la terre, des arbres qui l'a toujours
animé et qu'il a su rendre.

De nos jours l'intensité est devenue une qualité
très recherchée, et quelques artistes ont trop sacrifié
à une violence qui va parfois jusqu'à l'insolence, la
justesse, la vraisemblance, la nuance, la distinction
des valeurs et d'autres qualités précieuses. Mais
d'autres ont mieux réussi. Gauguin, Guillaumin,
Diriks, Seyssaud, Challié, Mme G. Aguttes, nous
offrent un monde éclatant et fort, violent parfois,
exubérant, richement coloré, sain et parfois brutal,
parfois aussi délicat. Gauguin nous donna une Bretagne forte et riche de tons avant de nous conduire
dans la végétation un peu inquiétante de Tahiti. Guil-

Iaumin, qui n'est pas encore classé à son rang, dans le groupe des premiers impressionnistes auquel il se rattache, excelle dans l'emploi des couleurs fortes et même violentes. Il atteint à un relief extraordinaire, à une intensité de vie débordante, avec des harmonies puissantes et larges, où rien ne détonne, qui rassasient l'œil et le laissent satisfait. Son monde fait paraître le nôtre terne et décoloré, il vit avec une sorte de splendeur impétueuse, avec une âme neuve, hardie et dominatrice. Mme G. Aguttes a donné un monde joyeux et clair, vif et puissant, où les différents moments de la vie des champs sont notés avec force et souvent aussi avec délicatesse. Seyssaud a créé une Provence extraordinaire de vigueur et d'intensité, non pas la Provence aux fines collines grises et un peu sèches dans leur élégante précision, mais une Provence aux sainfoins ardents illuminés par les chauds rayons du soleil couchant, aux végétations vivaces et luxuriantes, aux bleus étangs écorchés par la rage du mistral, qui tord les arbres et abat les plantes sur la terre rouge, une Provence fougueuse et rustique.

*
* *

On ne finirait pas d'énumérer les conceptions diverses que les artistes ont fixées, de décrire ou d'analyser les âmes si diverses qu'ils ont données à la nature. Si Virgile n'a pas chanté « les larmes des choses », comme on se plaisait à le répéter jadis, cela manque donc à sa gloire, mais des artistes sont venus qui, comme des littérateurs, et par d'autres moyens, plus directement efficaces peut-être, nous ont montré les pleurs et aussi les sourires, les rêveries, les caresses ou les frissons, les résignations et les idées des mondes où ils nous introduisaient. A chacun de ces mondes correspond une humanité différente, et une vie particulière, et chaque monde peut se symboliser ou se condenser dans une sorte d'être divin abstrait ou concret, loi directrice ou personnalité mythique. Le paysage d'un grand artiste comporte souvent, avec une conception de la nature, une conception de l'homme, une morale et une métaphysique ou une religion.

* *

Toutefois, comme nous l'avons vu, certains artistes, de bons et même de grands artistes ont créé des mondes qui nous intéressent tout autrement, et autant sans doute pour la façon dont ils sont réalisés que pour eux-mêmes. Devant eux nos yeux sont souvent charmés, notre esprit ne reste point inactif, et notre sensibilité s'émeut, mais le plaisir qu'ils nous donnent ne ressemble pas à ce plaisir de sympathie humaine ou supra-humaine que nous donnaient les autres. Il ne peut guère s'agir ici de l'âme des paysages, ni même toujours beaucoup de leur vie. Si quelque sentiment de sympathie, de tendresse, de pitié, si quelque idée sur la nature nous effleure, il doit être écarté, ou du moins relégué à l'écart, au moins à un rang secondaire, c'est un intrus. Le plaisir ici est d'ordre plus spécialisé, à peu près exclusivement technique. Le sujet garde son importance dans l'œuvre, mais surtout comme moyen, en réalisant un monde, de faire valoir l'habileté de l'artiste, sa virtuosité, sa maîtrise à combiner des lignes et des couleurs. Une œuvre bien faite dans n'importe quel genre de travail doit nous causer du plaisir, et ce plaisir prend une forme particulière dans chaque art différent. C'est le plaisir que nous éprouvons aux vers bien frappés, bien rythmés, harmonieux, dont le sens nous est indifférent, à certaines pièces de Gautier, de Leconte de Lisle, aux amusements de Banville. Nous en prenons un de même genre en écoutant certaines symphonies, certains morceaux très habilement construits. Et de même en peinture devant toutes les œuvres bien peintes, même quand elles ne nous intéressent pas pour d'autres raisons.

Ce plaisir spécial à la peinture nous devons toujours l'éprouver devant un beau tableau, même quand il nous attire par des qualités différentes. Ni les joies de l'idée, ni celles du sentiment ne doivent le masquer ou le faire oublier. Et tout au contraire elles doivent l'exalter à leur tour comme elles sont exaltées par lui. Et j'ai tâché de le rappeler çà et là. Elles ne sauraient non plus le remplacer entièrement. Tout tableau qui ne nous donne pas sinon d'emblée, au moins à l'examen, l'impression d'une œuvre bien faite est un tableau manqué, quels que puissent être ses mérites de poésie, de pensée ou de sentiment. Tout tableau qui la donne est une bonne peinture, ne donnât-il que celle-là et s'il ne vise pas à en donner d'autres. Et l'on n'est certes pas obligé de l'aimer, mais on aurait tort d'en contester le mérite. Cependant les qualités techniques peuvent être supplées, *en partie* et jusqu'à un certain point — difficile à fixer — par des qualités d'un autre ordre. D'ailleurs elles ne suffisent pas toujours à sauver une œuvre si elles se joignent à des intentions poétiques mal suivies, à des prétentions littéraires malheureuses, à des fautes graves de pensée ou de goût.

Le mérite technique auquel correspond un genre très particulier d'impression est d'ailleurs extrêmement complexe et de composition variable. Il résulte de bien des qualités qui peuvent être séparées les unes des autres, qui ne peuvent guère réussir à se rassembler toutes. Quelques-unes seulement, une seule peut-être si elle est portée très haut ou si nous y sommes plus sensibles, suffit à nous faire éprouver ce choc intérieur qui nous arrête devant une œuvre, cette sorte de cristallisation lente ou soudaine que connaissent bien ceux qui aiment l'art et qui constate la prise de possession, peut-être bien éphémère, de l'âme par une œuvre. La composition peut la donner, et le dessin aussi, et les couleurs en elles-mêmes, et l'harmonie de leurs rapports, et la qualité de la touche, et la joie de la lumière et de l'ombre,

et la justesse des couleurs, et des qualités parfois
très difficiles à analyser. Aussi ce saisissement du
beau peut-il nous prendre devant des œuvres très
différentes et de tendances opposées. Delacroix peut
nous le donner, et Ingres aussi parfois ; nous pouvons le ressentir devant les portraits de David et
devant les polissonneries de Fragonard, devant
Titien et devant Botticelli, devant Gustave Moreau
et devant Terburg. Et, pour revenir au paysage,
Corot nous le donne et Millet, et Pointelin de même
et Lebourg aussi.

Ce plaisir singulier, on peut même l'éprouver
devant un tableau à peine entrevu, avant d'en avoir
reconnu le sujet ; parfois il suffit d'apercevoir un
coin d'une œuvre inconnue pour en avoir l'impression très nette, que confirme souvent un examen plus
sérieux.

Naturellement ceux qui sentent réellement ce
plaisir, ou qui croient qu'ils doivent le sentir sont
portés à s'en exagérer la valeur. Quelques-uns
diraient volontiers qu'un chaudron bien peint vaut
le *Philosophe en méditation*. Cependant il faut bien
dire que celui qui l'ignore, fût-il très vivement
affecté par la poésie d'un site ou par le charme d'une
légende, n'aura jamais le sens de l'art pictural. On
peut également s'émouvoir à *Lohengrin* ou au *Man-
teau impérial*, sans rien entendre à la musique de
Wagner ou à la poésie de Hugo, sans posséder un
grain de sens musical ou de sens littéraire. Seulement il n'est pas très commun qu'un amateur ait à

la fois un sens très-développé du mérite technique,
et ce sens poétique qui fait apercevoir, par delà la
technique, ce qu'elle soutient et sans quoi son rôle
reste un peu vain et incomplet, la signification et
la poésie d'une œuvre.

De même un artiste n'est pas toujours à la fois
un grand poète et un très habile ouvrier. Cependant
il est rare que l'artiste poète n'ait pas assez de talent
pour faire vivre sa poésie dans son art. Si quelques
qualités lui manquent il en a généralement d'autres.
Mais tous ces éléments se combinent en proportions
très variables, et la diversité des combinaisons rend
impossible l'établissement non seulement d'une hiérarchie très précise, mais aussi d'une classification
rigoureuse. Il n'est pas non plus toujours aisé de
distinguer le mérite poétique et le mérite technique.
Ils coïncident parfois et se rencontrent. On peut
dire qu'il n'y a pas un mérite technique qui n'ait en
lui-même sa poésie ni de poésie qui n'ait quelque
valeur technique. L'appréciation ici dépend encore
beaucoup du spectateur. Tel amateur sentira une
poésie spéciale intense dans une association de couleurs qui semblera simplement à un autre une habileté technique.

La composition est de la poésie déjà, c'est de la
technique encore, et de même le modelé, et le
dessin. En tout cela l'habileté de métier et la
poésie peuvent s'unir si étroitement, et s'amal-
gamer si bien qu'elles se confondent et qu'on ne
peut faire sûrement la part de chacun. On peut

dire qu'une bonne technique se dépasse elle-même.

Aussi est-il des artistes déjà cités, comme Rousseau, par exemple, dont j'aurais presque aussi bien pu parler ici et d'autres, dont je vais parler que j'aurais pu faire entrer, sans trop les solliciter, parmi les poètes.

*
* *

Boudin et Daubigny que j'ai mentionnés déjà ont certes plus que du métier, ils ont de l'inspiration, ils ont aussi une conception du monde, visible surtout chez Boudin. Pourtant je ne trouve pas qu'ils aient donné au paysage une « âme » bien caractérisée. Si cela leur arrive, ce n'est pas très fréquemment. Du reste Daubigny a su rendre au moins la vie des champs, il a fait une nature vivace et forte, pleine de saveur toujours, et de charme quelquefois comme dans le *Printemps*, du Louvre, où il se hausse à une poésie sans rareté mais pleine de fraîcheur.

Il est d'excellents artistes à qui l'on a reproché de manquer de style, Daubigny en est un. Ce manque de style est relatif toutefois. Les bons artistes ont toujours un style. Mais chez quelques-uns la personnalité s'affirme moins, leur technique est moins originale, ils n'ont pas de tour de main habituel de formes de ligne ou de modelé bien reconnaissables et qu'ils adoptent presque exclusivement, de ton préféré, ou d'harmonie de couleurs indéfiniment répétée. Ils n'ont pas la simplification, la généralisation neuve et hardie. En fait on ne reconnaît

guère un Daubigny à vingt pas comme un Corot,
un Jongkind, un Turner de bonne facture. Daubigny est équilibré et sain sans prédominance bien
nette de telle forme d'imagination ou de sentiment.
On ne distingue guère chez lui une conception
poétique originale ni des procédés bien excep-
tionnels, encore que ceci appelât certaines réserves.
Le style est moindre, non absent. Il est soutenu,
complété, remplacé jusqu'à un certain point par de
belles qualités de sincérité dans le rendu, de souplesse et d'harmonie générale dans le choix des
teintes et dans le dessin, de fraîcheur, de plénitude,
de sobre richesse dans la couleur. Mais on peut
admettre que si l'artiste est bon, si le praticien est
excellent, s'il peut égaler ou dépasser parfois des
« stylistes » plus rares, la forme d'art à laquelle il
s'est appliqué n'est généralement pas la plus haute.
Il faudrait, en effet, distinguer dans son œuvre.

Boudin, avec plus de style, a moins de vrai réa-
lisme. Il a figuré une nature fine et nerveuse. Mais,
ceci caractérise assez souvent des artistes dont le
métier fait le principal mérite; en regardant ses
tableaux on pense peut-être plutôt au talent du
peintre qu'au paysage représenté. Quel que soit le
talent, c'est peut-être un signe plutôt fâcheux.
Devant les *Syndics des drapiers*, devant la *Vierge aux
rochers*, il me semble que l'on est saisi par l'œuvre
même et que la première pensée est moins d'admirer
le peintre que de sentir, de pénétrer l'œuvre et de
l'entendre. Tout au moins les deux impressions

coexistent et la première domine. C'est plutôt après que l'on pense que, pour se faire ainsi momentanément oublier ou négliger, le génie du peintre doit être particulièrement éclatant ou profond. Pour revenir au paysage, devant les *Côtes du Jura* de Pointelin, ou devant la *Tempête sur les côtes de Hollande*, mon impression est plutôt : « Comme c'est beau ! » Devant le *Port de Bordeaux* de Boudin, et devant la plupart des Boudin que j'ai vus, je penserais plutôt : « Comme c'est bien fait ! » Il y a une nuance.

Boudin n'en est pas moins admirable par son entente des valeurs, par ses harmonies sobres et fortes dans leur finesse, par ses ciels gris ou nacrés, si variés, si travaillés, si riches, par ses abréviations nettes, par la sûreté et la précision sans raideur et sans sécheresse (au moins dans ses bonnes toiles) du rendu ; la jolie nature que nous lui devons a beaucoup de prix. Il est de ceux qui nous satisfont sans nous élever bien haut, dont l'art nous donne une joie intense et sans trouble, mais qui ne font ni penser, ni même sentir autre chose que le plaisir esthétique de l'œuvre faite par un artiste habile et personnel.

Le cas de Dauchez est différent. Avec lui on se rapproche de la réalité. J'ai été très frappé, en me promenant dans un bois de pins, de retrouver avec une netteté parfaite et une ressemblance qui allait presque à l'identité, les effets remarqués dans ses tableaux. Il a des lointains merveilleux de souple précision et d'un travail détaillé sans être minutieux. La tenue générale de l'œuvre, le dessin des arbres,

la composition, le sérieux et même la sévérité lui
donnent comme une apparence classique que ne
dément pas le coloris un peu froid. Et M. Dauchez
a créé une nature à la fois vraie et stylisée qui parle
peut-être plus à l'esprit qu'elle ne suscite l'émotion
ou qu'elle ne délecte l'œil. Ce que M. Dauchez nous
donne, c'est un coin de nature vu à travers la raison
d'un artiste habile et sérieux.

Vollon est un excellent peintre. Il a magnifiquement rendu l'homme, le paysage, la nature morte
avec de belles et riches couleurs, malheureusement
moins solides parfois qu'on ne le voudrait, comme
on peut s'en assurer au Luxembourg, très sûrement,
et hardiment posées. C'est un virtuose éminent et un
puissant artiste qui paraît s'être fort peu soucié du
sentiment et de l'idée. Malgré tout sa nature vit, elle
est solide et forte, avec un peu de lourdeur parfois,
parfois avec de la grandeur, parfois avec de la délicatesse. Et dans ses bonnes toiles il monte, à force
d'adresse et de métier, jusqu'à une véritable poésie.
Il existe de lui des études savoureuses, des paysages
d'un charme léger, d'autres d'une tenue puissante
et d'une allure presque dramatique. Et c'est une
occasion entre beaucoup d'autres de constater que
les moyens spéciaux d'un art, bien employés, peuvent
souvent susciter la création poétique.

Decamps mérite encore d'être signalé pour la belle
qualité de la pâte colorée, pour sa facture large, pour
la puissance de l'effet. Il donne parfois de l'expression à la nature, comme dans sa *Défaite des Cimbres*.

mais cela est assez exceptionnel chez lui. Paul Huet,
Jules Dupré pour leurs « sonates de couleurs », doivent être rappelés ici. Jules Dupré a une nature bien
à lui, harmonieusement et puissamment colorée,
sans qu'elle se subordonne à l'expression d'une idée
ou d'un sentiment.

Rappelons-nous encore les paysagistes hollandais
du XVIIᵉ siècle. Ils ont peint admirablement, et ils ont
fait, en lui donnant chacun la marque propre de son
talent, le portrait de leur pays. Ils ne se sont guère
occupés de lui donner une âme. Ni van Goyen avec
ses grisailles, ni Isaac Ostade avec ses tons roux,
ni Hobbema avec son dessin précis, sa facture
franche et son bel équilibre, n'ont mis beaucoup de
sentiment dans leurs œuvres. Ils n'en sont pas moins
des peintres excellents et de remarquables artistes,
mais devant leurs toiles aussi on est tenté de penser
plutôt au mérite de l'exécutant qu'à ce qu'il nous a
révélé. Et naturellement je mets à part Rembrandt,
et Ruysdaël aussi, et peut-être Van der Neer.

Enfin il faut bien dire encore ici un mot des impressionnistes français dont j'ai beaucoup parlé déjà
cependant. Et ce nous est une nouvelle et d'ailleurs
dernière occasion de remarquer la fragilité de nos
groupements, et la différence singulière des points
de vue d'où l'on peut considérer, fort légitimement,
une même œuvre.

Ce qui nous intéresse aux impressionnistes, c'est
pour une bonne part leur technique, assez étroitement
liée d'ailleurs à la conception du monde qu'ils ont

objectivée. Ils se sont servis de couleurs claires et franches, ils n'ont plus cherché à amortir les teintes, au moins comme le faisaient leurs devanciers, ils ont laissé les touches visibles et les ont juxtaposées sans les fondre, ils ont renoncé à emprisonner les objets dans des formes précises exprimées par des lignes sèches et rigides, ils se sont beaucoup préoccupés de la perspective aérienne, ils ont sacrifié le ton local et répandu sur les objets les reflets des objets voisins, ils ont coloré les ombres. Ils ont développé certaines inventions techniques de Delacroix et de Manet[1], en attendant que leurs successeurs vinssent régulariser et systématiser quelques-unes des leurs en en rejetant quelques autres. Voilà tout un ensemble de procédés spéciaux, particuliers à la peinture, particuliers — ou à peu près — à leur école. De plus ils n'ont pas cherché l'idée, ils ont repoussé la composition artificielle et voulue. Ils ont travaillé devant la nature même et on leur a reproché de se contenter trop aisément des motifs les plus humbles. Ils ne paraissent pas avoir généralement cherché à provoquer l'émotion, leur nature ne comporte guère une conception de la vie humaine, et l'on n'en déduirait aucun enseignement. Elle est lumineuse et colorée. S'ils y ont enfermé cette sorte de métaphysique dont je parlais tout à l'heure, elle se confond en quelque sorte avec les moyens techniques employés, elle n'en est que la résultante et l'expres-

1. Voir le bon livre de H. Marcel : *La peinture française au XIXe siècle.*

sion et peut fort bien n'être pas autrement prémé-
ditée. Et l'on voit encore par là comment les moyens
employés par l'artiste et les idées, les sentiments
qui ressortent de son œuvre sont inextricablement
associés et quel rapport intime peut exister entre eux.
Il ne faudrait pas en conclure que la technique et le
sens sont indissolublement liés. La même technique
peut servir à l'expression d'idées et de sentiments
fort différents; un même sentiment, une même idée
peuvent s'exprimer par des techniques différentes.
Seulement, n'étant pas réalisés de la même façon,
ils ne sont plus identiquement les mêmes. La
douceur du monde de Lebourg n'est point la douceur du monde de Corot. Inversement une impression de même ordre, difficile souvent à traduire en
mots, nous est donnée par des œuvres traitées selon
la même technique pour incarner des sentiments
différents ou même opposés. Hugo, Musset, Lamartine peuvent exprimer l'amour, mais l'amour est
dans l'œuvre de l'un d'eux très différent de ce qu'il
est chez les autres. Et que Hugo chante la pitié ou
l'indignation, il reste toujours Hugo, et, si le sentiment diffère, on peut dire que la résonance est la
même et pour ainsi dire que les sons harmoniques
se ressemblent, gardent les mêmes rapports avec le
ton fondamental. Il en est à peu près de même chez
les peintres.

CONCLUSION

Le paysage est un genre fort complexe, aussi varié en somme que la peinture de personnages. Si celle-ci comporte des portraits, des scènes de genre et aussi des tableaux religieux ou des tableaux d'histoire, on peut trouver dans l'autre des distinctions analogues. Dans les deux cas d'ailleurs, elles n'ont rien d'absolu. Mais il est des paysages qui sont surtout des portraits de la nature, plus ou moins interprétés, comme les portraits le sont toujours. D'autres ont un charme léger et sans profondeur, qui amuse un moment quand l'œuvre est bien faite; d'autres encore révèlent des idées ou suggèrent des sentiments très hauts et très abstraits parfois. Et tous les genres comportent le mérite spécial à la peinture, qui fait parfois le prix de certaines œuvres et qui se lie logiquement parfois et parfois aussi assez diversement et singulièrement à l'autre.

Il s'en faut sans doute que toutes les écoles, tous les artistes, toutes les poésies, toutes les techniques aient la même valeur, et les mondes créés par l'art sont d'une bien inégale beauté. Il en est même qui sont franchement laids et d'autres dont il serait déjà très exagéré d'affirmer qu'ils existent. Seulement la hiérarchie, pour des raisons que nous avons vues, est souvent très difficile où même impossible à établir. Cela est vrai surtout quand il s'agit ou bien de talents d'ordre très différent ou bien, dans un même ordre, d'artistes assez rapprochés l'un de l'autre par le degré du talent. La différence des succès éclate, au contraire, si l'on prend des artistes très inégaux, si l'on considère les extrémités de la hiérarchie, et l'ordre de mérite s'impose. Entre van Goyen et Isaac Ostade il est peut-être permis d'hésiter et de même entre Flers et Cabat, entre Poussin et Claude. Il n'est pas permis de mettre sur le même rang Flers et Corot, Ruysdaël et Poelenburg, pas plus que Rembrandt et Gérard Dou, Léonard et Luini, et l'on pourrait choisir des exemples où l'ordre de préséance s'imposerait plus violemment encore.

Ceci admis, il faut reconnaître aussi que la diversité des génies et des talents, la diversité des genres, la diversité des techniques, correspondent non point parfaitement, mais d'une manière appréciable pourtant, à la diversité des fonctions de l'art, à la diversité des tendances et des désirs qu'il doit satisfaire, à la diversité de l'âme de ceux à qui l'art s'adresse et de ceux qui le pratiquent. Il faut dans l'art, comme dans la société, comme dans l'organisme, une sorte de division du travail. Tous les organes sont nécessaires dans un organisme, ou du moins utiles, et tous ont leur valeur. Il en est dont les fonctions sont plus nobles, plus complexes et plus dominatrices, mais il en est aussi qui sont sensiblement de même importance, et tous ont leur raison d'être dans un organisme bien fait.

Il n'est point d'ailleurs d'organisme parfait et celui de l'homme contient des éléments qui semblent assez nuisibles. A plus forte raison la société, moins étroitement organisée que l'organisme, englobe des éléments superflus, parasites ou dangereux. L'art n'est pas beaucoup mieux organisé que la société. A considérer la production artistique dans son ensemble, on lui trouve un aspect assez incohérent, peut-être surtout à notre époque, et je me garderai de défendre toutes les manifestations qui prétendent s'y rattacher. Il n'en reste pas moins que des goûts fort divers restent légitimes, et qu'il n'y a qu'à se féliciter de voir prospérer certaines formes très différentes de l'art.

L'amour de la nature est un sentiment très vaste, très complexe, très différent selon les temps, les pays, les milieux et les individus. J'ai indiqué au début de cet ouvrage quelques-unes de ses sources. Il prend mille formes diverses. Et le goût pour le paysage peint ajoute, aux raisons de varier qu'il tient de l'amour de la nature, toutes celles, plus importantes encore ici, qu'il tient de l'amour de la peinture et de l'amour de l'art en général.

Ainsi certaines personnes se réjouissent de

12.

retrouver devant un tableau les impressions qui leur
arrivent de la nature même, et même de la reproduction d'un site connu. D'autres n'ont guère souci
do la rossomblanco, mais exigent une technique
habile, sûre et personnelle. On admire ainsi des vues
de Paris qui n'ont rien de l'atmosphère parisienne
ou des sites révélés comme méridionaux par le titre,
mais qu'on croirait pris dans le nord de la France.
D'autres encore voudront penser et être émus devant
un paysage, s'absorber dans un rêve précis ou indé-
fini. Et chacun sera porté à croire que tout ce qu'ad-
mirent· tant les autres est insignifiant ou superflu.
Pour les uns la technique n'est qu'une condition
inférieure de l'art, pour d'autres ce qui la dépasse
sort de la peinture et devient un exercice littéraire
ou philosophique.

Mais toutes ces manières si différentes d'aimer
l'art se subdivisent encore, s'éparpillent en nuances
infinies. L'un aimera surtout le dessin, un autre les
valeurs, un autre encore s'attachera surtout aux
couleurs et à leur justesse, aux mille nuances de la
perspective aérienne. Et celui-ci aimera les couleurs
douces et les harmonies discrètes, celui-là les couleurs vives et leurs fanfares. Il en est qui se plairont
aux paysages tristes, et j'ai entendu un amateur
affirmer son désir de monter une collection de
paysages gais. On peut multiplier ces spécialisa-
tions. Enfin beaucoup combinent quelques-uns de
ces divers goûts en diverses manières et cherchent
à en satisfaire plusieurs à la fois ou successivement.

Et tout cela est assez légitime en somme. Il y a bien
des manières, non pas toutes également bonnes,
mais toutes bonnes, d'aimer l'art, et cela justifie, non
point tous les artistes et toutes les techniques, mais
au moins l'existence d'artistes très différents et de
pratiques bien dissemblables. Et, par exemple, que
Pointelin et Lebourg, que Cottet et Vuillard, que
R. Ménard et X. Roussel nous donnent des œuvres
si différentes, je ne puis que m'en réjouir, encore que
je ne les aime sans doute pas toutes au même degré.
Il en est aussi, évidemment, et dans des écoles
diverses, qui me paraissent superflus. Mais on pourrait sans doute penser ainsi à propos de toutes les
formes de l'activité humaine, — et il en est beaucoup
qui font moins d'honneur à notre pays que la peinture de paysage.

*
* *

D'ailleurs cette manière de présenter la question
est trop simple et, pour cela, inexacte. L'artiste tend
souvent moins à plaire à des goûts existant déjà
qu'à créer des goûts nouveaux auxquels il apporte
les moyens de se satisfaire. C'est le cas des novateurs
puissants, des génies originaux qui, accueillis par les
moqueries, par l'indignation ou par l'indifférence,
finissent par s'imposer et, après avoir choqué le goût
de leurs contemporains, le pétrissent, le reforment,
créent un goût nouveau qui deviendra celui, non
point de tous, mais d'une notable partie de ceux qui

viendront après eux. Au reste il est assez fréquent
que chacun d'eux, en même temps qu'il est méconnu
ou blâmé par la majorité, trouve des amis, des esprits
qui vibrent spontanément à sa manière et auxquels
il révèle leur sentiment et leur goût ignoré plus
encore qu'il ne le crée. Mais il ne paraît pas sans
exemple que certains artistes ne soient jamais appré-
ciés à leur valeur, que le public gaspille leur œuvre
en quelque sorte, et la laisse perdre faute de s'arrêter
devant elle et de savoir l'écouter avec sympathie.

Comme d'ailleurs aucun artiste ne peut répondre
à tout, comme aucune école ne donne satisfaction à
toute la nature humaine, comme aucune technique
ne peut exprimer à elle seule tout ce que nous voudrions qu'elle exprimât, comme la perfection ne se
rencontrera jamais, au moins tant que l'humanité
ne se figera pas dans quelque forme de pensée
refroidie et de civilisation cristallisée, on peut toujours prévoir que le triomphe d'une école, d'un genre,
d'une technique sera suivi de l'apparition d'une
autre école, de genres différents, de techniques nouvelles, qui obscurciront quelque temps et peut-être
avec excès leur gloire et domineront la majorité des
esprits, — non pas tous, car leur variété est trop grande
— jusqu'à quelque changement nouveau. Ces changements, ces petites révolutions, sont plus ou moins
incomplets, brusques, profonds. Ils sont plus ou
moins heureux et leur réussite varie de l'échec au
triomphe. Ils sont plus ou moins bons, plus ou moins
féconds, extrêmement inégaux en tout, mais il con-

vient en somme de se féliciter qu'il s'en produise.

Et l'art du paysage lui-même est le résultat d'un de ces changements. Apparu fugitivement en divers endroits et à diverses époques, il paraît s'être développé et constitué en Flandre et aux Pays-Bas. Mais c'est au xixe siècle qu'il a son plein épanouissement, et son évolution n'est sans doute pas terminée. D'autres fruits viendront après ceux que nous avons goûtés. Il m'a paru constituer une très précieuse acquisition, encore trop méconnue, une des plus riches et des plus hautes conquêtes de l'art. Sans doute toutes ses formes ne se valent pas. Leur prix dépend beaucoup de l'artiste qui les réalise, il dépend aussi de ceux qui le regardent, il dépend enfin — toutes choses égales d'ailleurs — des sentiments qu'il provoque et des tendances qu'il satisfait. Si la pensée, si les sentiments généraux, si la vie proprement humaine, si l'idéalisation de cette vie sont ce que nous pouvons atteindre de plus haut, il faut dire que les paysages où nous les retrouvons sont supérieurs aux autres, quand ils les égalent par leurs mérites techniques. Et si la peinture de paysage s'élève parfois à cette hauteur, il ne semble pas qu'aucune autre forme de l'art puisse être placée, pour ses mérites essentiels, au-dessus d'elle. Si elle renonce aux merveilles de la forme humaine, aux prestiges de cette beauté dont le charme nous émeut si aisément, son rôle, plus difficile, n'en devient peut-être que plus haut. Le langage qu'elle nous parle en prend un caractère plus mystérieux et plus secret,

plus abstrait et plus symbolique et par là peut-être
plus rare et plus précieux. Et cela compense peut-
être ce qu'elle perd par ailleurs. J'ai tâché du moins
de montrer les raisons qui légitiment son triomphe
et de rappeler quelques-unes des œuvres où s'avère
sa valeur.

TABLE DES MATIÈRES

TABLE DES PLANCHES

291-13. — Coulommiers. Imp. PAUL BRODARD. — 6-13.

www.ingramcontent.com/pod-product-compliance
Lightning Source LLC
Chambersburg PA
CBHW060024100426

42740CB00010B/1590